METAMORFOSIS SOCIAL

IMPA
RABLE

Diseño de portada Marco Anguiano
Diseño de interiores Jaime Díaz

ISBN: 978-1-972189-02-3

:

Borderland Studies Publishing House
310 S. Grama St 2
El Paso, Texas 79905

DEDICATORIA

Este trabajo conjunto, se integra inspirado
en las nuevas generaciones.
Dedicamos con respeto y amor
a quienes nos sucederán en el puente del tiempo.

"La educación es el arma más poderosa para cambiar el mundo"
(Nelson Mandela)

ÍNDICE

PRÓLOGO

UNA APORTACIÓN desde el quehacer docente, ha quedado resumida en esta obra, que de manera muy precisa aborda un panorama actual en el campo de la educación y la comunicación. El capítulo *Agenda 2030 y metamorfosis social: perspectivas críticas desde un contexto fronterizo*, construido por el profesor Jorge Luis Iturriaga García, expone un meticuloso análisis sobre las definiciones y complejidades derivadas del concepto en el que los especialistas han abordado el término de "regiones fronterizas", con toda la gama de particularidades y conceptos que el término obliga. Es de gran notoriedad, la participación de Iturriaga García en esta obra, al referir una propuesta deconstruida desde la interdisciplinariedad como respuesta y seguimiento a los nuevos modelos para la adecuación de los trabajos colegiados. En lo que respecta al uso metodológico de las entrevistas estructuradas y semiestructuradas, la influencia de Barbour, Guber y Bertoldi, llevada a la práctica por otros autores, reafirma un cauce natural hacia nuevos paradigmas en la enseñanza y las bases de la investigación científica, gracias a los enfoques cualitativos de su propuesta. Una aportación significativa sobre el trabajo de Iturriaga, queda de manifiesto en la inclusión de colaboradores de primer nivel, que se han convertido en todo un referente de experticia sobre los temas planteados en este capítulo.

En lo que respecta a la propuesta del profesor Sergio Pacheco González y su *Metamorfosis Social*, realiza interesante entramado de conceptos etimológicos, para llevarnos más adelante, al lumen de una conciencia estructurada, que parte desde la transformación, con un magistral parafraseo del concepto *Kafkiano* que hace un juego rizomático en conjunto con otros autores. Esta ingeniosa aproximación de Pacheco González, nos arroja a la bajamar de una propuesta orientada hacia la reflexión de los grandes perfiles académicos. Muchos son los autores que se retoman en este capítulo, lográndose con todos ellos un fino hilado de aproximaciones sobre las temáticas y movimientos más sobresalientes; pobreza, feminismo, violencia y fenómenos laborales, grandes problemáticas sociales que no han quedado exentas ni marginales en esta obra.

En el caso de José Eduardo Rincón Sánchez y su capítulo *Dios ha muerto y con él nosotros,* muestra un enorme bagaje filosófico sobre los términos y conceptos abordados en este apartado. Una aproximación hacia las condiciones humanas ya en decadencia, aparecen como premisas que es urgente atender desde el campo educativo. La contribución de Rincón Sánchez al terreno de la conciencia construida desde el interior, posiciona su propuesta de una forma poético-filosófica, como lo mencionara Bolaños Muñoz en una de sus fotografías: *"Las buenas intenciones hacia nuestros semejantes, son aguas refrescantes, vivas y cristalinas que humedecen la tierra agreste de una sociedad carente de afecto y amor."*

Finalmente, la maestra Verónica Ofelia Lozano Sandoval aborda una propuesta desde su capítulo: *La Ventana de Overton y la metamorfosis social.* Al respecto, ninguna propuesta se descarta, ningún autor es reprobado, sino que siguiendo una sistematización sobre "X" planteamiento, es plausible generar un conjunto de vértices en los campos más recurrentes, tomando en cuenta las líneas de investigación y generación del conocimiento, a propósito, líneas donde se mueven con destreza los cuatro autores: Comunicación Organizacional, Comunicación y Medios Masivos, Fenómenos Culturales y Estudios Sociales. Lozano Sandoval, se posiciona como un corolario en esta obra, al ser la única mujer que desde su naturaleza femenina sensibiliza el capítulo final de este libro. La participación de la maestra Lozano Sandoval va más allá de su interesante capítulo, pues también ha sido la impulsora medular y coordinadora de esta obra. Agradezco infinitamente los esfuerzos que, como profesora comprometida, busca para el desarrollo de la comunidad universitaria la interacción con otros pares académicos sumando esfuerzos de colaboración en bien de los estudiantes.

Francisco Javier Luévano De la Rosa[1]

[1] Es Profesor-Investigador en la Facultad de Ciencias Políticas y Sociales de la UACH y miembro del Cuerpo Académico "Ciencias Políticas y Sociales" UACH-CA-172, trabaja en asesoría directa con alumnos que se encuentran cursando los últimos semestres en licenciatura y maestría. El profesor Luévano de la Rosa aborda la *Historia regional*, *Estudios culturales* y *Comunicación oral*, líneas de investigación que inciden en el escenario fronterizo. Luévano De la Rosa es Candidato a Doctor en Investigación por El Colegio de Chihuahua.

INTRODUCCIÓN

Gran parte de la sociedad actual parece *"surfear por la vida"*, viviendo una vida "light". Ese esfuerzo que le imprimieron a *"vivir con pasión"* las generaciones que nos precedieron, parece desdibujarse en el presente.

Este libro tiene como objetivo principal ofrecer acceso al público en general, de temas que se analizan en las aulas universitarias. Es una aportación académica de cuatro docentes, estudiosos de las Ciencias Sociales que pretendemos compartir reflexiones, conclusiones y resultados de investigaciones que consideramos importante que las conozca el ciudadano común. Va pues este esfuerzo para quienes se interesan en conocer una visión de la Imparable Metamorfosis Social que se gesta en nuestro tiempo.

Los habitantes del Siglo XXI, somos testigos o protagonistas de importantes cambios sociales, que si en algún momento fueron ideas totalmente impensables, en la actualidad los temas a tratar dieron un giro de 180 grados, tomando exactamente la dirección opuesta, aún y cuando en el pasado reciente fueron ideas alejadas de cualquier análisis lógico y razonado.

La obra que tiene en sus manos presenta, desde diversas perspectivas, algunos de los temas que consideramos de mayor impacto en nuestros días, entre otros: la evolución de la participación de la mujer hasta llegar a ocupar espacios de decisión y poder, la normalización de la violencia que reflejan los medios de comunicación masiva, el estratégico posicionamiento de la comunidad LGBT en la sociedad de casi la totalidad de los países del mundo. El avance en el tema de la legalización del aborto, la familia, migración, la cultura y el arte en general, que van registrando manifestaciones diversas en un marco de concepciones, fuera de lo que antes se consideró belleza, "arte".

Cuatro autores, cuatro estilos que analizan desde disciplinas como la Psicología, Sociología, Antropología, Filosofía, cambios que sin duda representan grandes avances, sin embargo para algunos teóricos hay aspectos que son un retroceso, una involución del ser humano, ya que se pierde el eje toral de nuestra existencia, como ejemplo citamos la legalización del aborto.

La globalización y la incorporación de la tecnología en casi todas las actividades humanas no solo traen consigo beneficios y ventajas, sino un alto costo social, sobre todo en las nuevas generaciones. Estamos frente a una “ingeniería social” cuyo origen se oficializa en ciertos temas, a través de la Agenda 2030 de las Naciones Unidas y que avanza dejando a su paso, el diseño de un mundo sensible, donde se pierde la frontera de los valores que antes sostenían a sociedades sólidas y fuertes. La evidencia es innegable: personas manipuladas que pierden su identidad de humanos y se identifican como therians/animales, jóvenes que atienden retos que ponen en riesgo sus vidas, música que denosta abiertamente la imagen de las mujeres y exalta valores denigrantes para el ser humano, artistas con comportamientos cargados de simbolismos negativos que se convierten en modelos de conducta, y son imitados y admirados al grado de ídolos.

Ciertamente el mundo no es blanco y negro, entre estos dos colores se generan infinidad de tonalidades donde debemos caber todos, pero hoy en la infodemia, característica del siglo XXI se mezclan la verdad con la mentira, lo bueno y lo malo, la razón con la locura, la honestidad y la corrupción de forma tal que debemos repensar con objetividad y conocimiento, e informarnos antes de tomar decisiones de toda índole, sobre todo al educar a jóvenes y niños.

Verónica O. Lozano

CAPÍTULO 1

DIOS, SU MUERTE Y LA NUESTRA

Hacia una genealogía de la metamorfosis social

Por José Eduardo Rincón Sánchez[2]

Exordio.

El llamado cambio de paradigma cultural o metamorfosis social, en gran medida, se ha visto influenciado por la modernidad y sus repercusiones en las sociedades *sobreindustrializadas*. Este fenómeno ha

[2] Maestro en comunicación por la Universidad Autónoma de Chihuahua y licenciado en filosofía por el Colegio Universitario de la Santa Cruz de Querétaro. Cuenta también con estudios en teoría política, psicoanálisis y teología sistemática. Se ha desempeñado como profesor ordinario e invitado en diversas instituciones educativas a nivel superior en México. Sus temas de investigación se dirigen principalmente a la relación entre violencia, postmodernidad y nihilismo, su influencia en los cambios del paradigma cultural, asimismo como sus afecciones a las estructuras sociales, esto desde un dialogo transdiciplinario entre la fenomenología y las ciencias políticas y sociales. Actualmente vive en El Paso, Texas.

llevado a la emergencia de relaciones sociales asimétricas, marcando una profunda transformación en la estructura misma de la convivencia humana. En este contexto, la idea nietzscheana de "*la muerte de Dios*" ha surgido no como un grito de muerte, sino como un eje hermenéutico para la interpretación de la condición postmoderna, en la cual, la asimetría de las relaciones sociales ha decantado en un "*asesinato unánime*" de los valores fundamentales. Abriendo así el umbral enorme que va del relativismo al nihilismo.

La exploración de este fenómeno, lo creemos así, ha de ofrecer lineamientos precisos para el diálogo, y en la medida de lo posible instaurar frecuencias para poder caminar juntos como sociedad (ecuménicamente). Para ello y en gran medida, necesitamos una simpatía elemental con las diferentes formas de expresión, sensibilidades, carismas y perspectivas en las que el fenómeno humano se manifiesta y articula en la historia, y no una serie interminable de silogismos apologéticos que ensanchan más la distancia para con los otros.

¿Significa esto renunciar a las posturas tradicionales y abrirse a un relativismo absoluto?, por supuesto que no, al contrario, significa un ejercicio hermenéutico de conservar más radicalmente lo esencial; y en este sentido, implica renunciar a una ideología racionalista que ha imperado por siglos, y que fácilmente sale a relucir entre los

individuos en cualquier momento de confrontación, sea política o religiosa, según el cual, la realidad puede distinguirse de una forma clara y distinta, entre blanco o negro, izquierda o derecha, conservador o liberal.

De ahí que, antes de ser vista como una controversial y ya superada provocación, "la muerte de Dios", es una invitación para repensar el paradigma cultural, conservando su fondo y, en la medida de lo posible, reajustando sus formas. El propósito de la presente reflexión se limitará en ofrecer dicha exploración.

La realidad y sus sombras

Una época, o un momento histórico concreto, sólo puede ser originariamente interpretado cuando éste ha concluído. Esto es precisamente lo que Hegel anunciaba con el vuelo del búho de Minerva; así pues, cuando se ha hablado y se sigue hablando en la actualidad de una crisis o una pérdida de valores, o bien de un cambio de paradigma o metamorfosis social, lo que se expresa es la experiencia agónica de una situación irremediable, que ha ocurrido ya en la distancia de los años o de los siglos. De tal modo, que lo que se vivencía es la neurótica experiencia de los síntomas que emergen en la ausencia, y que ponen al descubierto en la distancia de las negruras del mediodía, las ruinas y los mausoleos de falsos ídolos, sepulcros abiertos donde se contemplan los cadáveres de algo que se creería único, eterno e inmutable. El ídolo de la modernidad.

En éste sentido al mirar por la ventana del mundo, los medios de comunicación: las crisis económicas mundiales, los desastres ambientales, el activismo de los derechos humanos, la caída o el establecimiento de dictaduras, y las incontables guerras que solo tienen víctimas y nunca vencedores, lo que en realidad vivenciamos, es el síntoma de nuestro tiempo. Síntoma que podríamos reducir de una forma preliminar a la producción sistemática de relaciones sociales asimétricas.

Esta asimetría se patenta fenoménicamente en la mecanización histórica de los procesos de producción, teniendo como resultante la producción de clases sociales, y en consecuencia matematizar (*monetizar*) el valor de cada individuo según su función en relación de un conjunto social. Así pues, cuando *vivenciamos* una noticia sobre el conflicto armado en Palestina o un feminicidio en Ecatepec, o de la llamada "trata de blancas" en Europa o el tráfico de menores en Acapulco, lo que *vivenciamos* es la producción específica de un objeto de consumo cuyo valor existe solo en relación de otros factores, los cuales son en efecto ideológicos, y *a posteriori* económicos.

De ahí mismo que la llamada "crisis de migración" de los Estados Unidos no se experimente ni se critique con la misma fuerza e indignidad que en la frontera sur de México

(Guatemala y Belice), o bien que las políticas migratorias no sean las mismas en la frontera de éste con Estados Unidos. Mucho menos pensar en las relaciones migratorias de este último con Canadá. Pues sencillamente, la transcendencia de los intereses, es decir la *problematicidad* de la historia o la *historicidad* de los problemas depende de un posicionamiento geopolítico, y su significatividad geopolítica está intrínsecamente vinculada a la importancia de ciertos intereses individuales o nacionales.

El fundamento de estas relaciones asimétricas subraya que las desigualdades entre los individuos y entre las naciones han de ser justificadas a través de un cuerpo jurídico que resguarda intereses específicos, y no una idea universal de bien basada en principios objetivos, por lo cual se tendrá que la diplomacia es tan solo hipocresía institucionalizada, pues en el corazón de las relaciones públicas, de esta bestia canonizada por los idolatras de las ciencias políticas y sociales, hay un horror más grave: la afirmación del derecho individual justificado por la subjetividad, y no por una serie de principios objetivos. Un horror cuyo último referente será la autoreferencialidad política según la cual es necesario únicamente el reconocimiento de mi propio derecho.

Esto no significa que las problemáticas anteriormente señaladas sean inexistentes, sino que su existencia en el escenario global deviene a través de un horizonte de sentido que se impone a la colectividad a partir de ejercicios específicos de poder, y muy especialmente: a través de ejercicios de representación. Sin embargo, aunque cada fenómeno, en sentido estricto (*fenomenológico*) tiene su sentido propio, tendrá también un valor agregado, es decir un valor social que es construído solo en relación del conjunto económico de factores que le son presentes o ausentes: de ahí mismo que un feminicidio en la frontera juarense no sea el mismo que en la frontera chiapaneca, pues las relaciones sociales que *visibilizan* a uno, no son las mismas que han de *invisibilizar* al otro.

Aquí es donde las estrategias de comunicación, y sus narrativas escriben la historia, pues una cosa es tener el poder político, y otra muy distinta es tener el poder que oficializa la historia, es decir, el que la escribe y publica hacia la sociedad. Marx y Engels tenían mucha razón al haber dicho que: "las ideas dominantes se desglosan de los individuos dominantes y, sobre todo, de las relaciones que brotan de una fase dada del modo de producción, lo que da como resultado que el factor dominante en la historia sean siempre las ideas" (1974: 53). Sin embargo, la conciencia de esta realidad histórica no viene inmediatamente dado a la experiencia histórica, individual o colectiva, sino que es necesaria la actividad intelectual para adentrarse hacia las correlaciones lógicas y simbólicas de sentido que integran el fenómeno de dicha distorsión y sus consecuencias, esto es de aquello que está al fondo de la producción ideológica. Ya que incluso existe una lucha interna de intereses particulares que responde a la asimetría fundante de las relaciones sociales. Por lo tanto, la producción sistemática de relaciones sociales asimétricas, debe leerse más originariamente como la asimetría *ontológica* del sujeto moderno.

Finalmente, y principiando la existencia de una asimetría *ontológica* del sujeto en una época donde las comunicaciones son el semillero de la certeza e incertidumbre del conocimiento humano, así como el panóptico desde el cual se abre el mundo y la historia para la sociedad, podríamos decir con Baudrillard que vivimos en un mundo con más y más información, y menos y menos significado (cf. 1994: 79). Sin embargo, ¿qué significan estas palabras?, ¿cuál es su fundamento?, y ¿cuál es su relación con la asimetría del individuo?

El quiebre del sujeto y su tránsito

Más allá de las dicotomías gnoseológicas que reflexionan sobre si la primacía del conocimiento se establece "o en el sujeto o en el objeto", dando origen a las posturas clásicas del "idealismo o el realismo", fue el filosofo francés Jean Baudrillard quien comentó controversialmente que la *Guerra del Golfo*, no ha sucedido. Esto lo hizo en primer lugar, para explicitar un quiebre en el sujeto de conocimiento, y en un segundo momento para mostrar que existe un tránsito entre el proceso constitutivo de la realidad y su validación social. Un transito cuya primacía será la del poder, y hará que recordemos las intuiciones de Marx en no pocas ocasiones.

Este quiebre, en efecto, no declina en favor de una u otra de las posturas clásicas de la filosofía. Al contrario, el quiebre de Baudrillard atestigua que a pesar de que exista un proceso crítico de abstracción del ser real: éste proceso será siempre sobrepasado por una fuerza descomunal, cuya naturaleza será en última instancia el hilo conductor y el criterio para condicionar la existencia social de un fenómeno concreto. La subjetivización del valor.

Al analizar la tesis de Baudrillard, según la cual, *vivimos en un mundo con más y más información, y menos y menos significado*, se podrá intuir la gravedad de sus implicaciones, pues este modelo ya no se posiciona en una comunicología clásica (realista), sino en un sistema distinto, según el cual: en cuanto más se informa, menos sentido se obtiene. Esta paradoja resulta del exceso de información que se ha producido, y que progresivamente constituye un fenómeno polisémico-performativo de la realidad, pues en vez de unificar el sentido de lo real lo disuelve en múltiples formas.

Respondiendo a una dialéctica de sobreproducción mercantil, donde a mayor polisémia menor sentido, y a menor sentido: mayor es la ausencia de la comunicación. Así pues, cuando Baudrillard escribía que *la guerra* no sucedía, lo que anunciaba en realidad era precisamente que junto ésta acontecía también una *sobreproducción* mediática que condicionaba el sentido originario del fenómeno.

Por esta razón, el quiebre del sujeto significará en la nomenclatura de la modernidad, una ruptura en los horizontes de sentido, los cuales se abren y cierran en las dialécticas de producción que se establecen ideológicamente por los medios de comunicación, y en nombre de la libertad de expresión ofrecerán múltiples verdades. Las cuales serán aprobadas en relación de una demanda de consumo que ha sido previamente diseñada y jerarquizada; de modo que podremos encontrar verdades más verdaderas o mentiras más falsas.

El quiebre del sujeto moderno, en relación de la sobreproducción de información acrecentará la entropía de la información, y los márgenes de la percepción social del fenómeno se habrán de diluir progresivamente, eliminando toda posibilidad racional de distinguir entre lo verdadero y lo falso. Será así que la problemática crucial de esta tesis de Baudrillard recae en la permisibilidad o legalización de hablar y opinar sobre los hechos sin ningún conocimiento de causa, es decir, sin el criterio fenomenológico de correlación causal.

La disolución de los márgenes de percepción a través de la polisemia del sentido, dará paso a una segunda fase en la tesis del filosofo francés, según la cual, *no hay una relación intrínseca entre el sentido y la información.* Esto quiere decir, que el sentido o el significado de lo que se comunica o informa es tan sólo una dimensión social de reconocimiento (o una construcción) que nace después del hecho, es decir, que el sentido nace como una simple interpretación de la realidad y que tiene sólo un nivel secundario, estableciendo consecuentemente que "no hay una relación significativa entre el aumento de la información y la erosión del significado", pues sencillamente la esencia de los fenómenos históricos está reducida a aquello que se ha de decir de éstos. Y dado a que todos pueden opinar, todo es verdadero, todo es falso, todo es relativo. Solo la relatividad es absoluta.

Esta declaración, muestra cómo poco a poco los límites de la realidad comienzan a disolverse, y con estos límites, también podríamos afirmar que los límites del sujeto han de disolverse, pues si la realidad puede ser cualquier cosa, el ser humano podrá ser en última instancia cualquier cosa, incluso un no-hombre, un objeto, una pasión inútil. Una mercancía.

Frente a esta situación, hace eco la famosa frase de Nietzsche que subraya "No hay hechos sólo interpretaciones", la cual instaura la nulidad factual de la realidad, propiciando la continua e hipotética doxología que erosiona el sentido, y secretamente abre el tercer momento de la tesis de Baudrillard. Sin embargo, antes de sugerir este tercer elemento de reflexión a menester subrayar, que este segundo momento de esta tesis resguarda una implicación *ontológica* sobre el discurso de la realidad. En efecto, rompe la relación entre "causa y efecto" es decir, entre el "evento y lo que se dice de él".

Por lo cual, podría sugerirse que esta segunda hipótesis nace de la primera, que a su vez tiene fundamento en la "legalidad" de la libre opinión, y en efecto lo es. Sin embargo los matices ocultos dentro de esta hipótesis de la *incomunicabilidad* no miran hacia el privilegio o primacía de la opinión, como establece la primera. Aquí subsiste un quiebre epistemológico donde la dimensión demostrativa, predicativa y comunicativa del lenguaje se relativiza hacia la continua manipulación de la naturaleza de las cosas a través de la palabra, es decir en la intervención y sustitución directa del sentido de la realidad, cuyas consecuencias conllevan a la progresiva deformación y transformación del significado, y así del sentido genérico de la realidad. Esto significa que en la banalidad y el capricho de "una nueva opinión" se ha de sacrificar la esencia de la realidad. Su entero carácter ontológico, y al respecto de las preguntas fundamentales de la existencia humana que miran hacia la naturaleza del bien y la verdad, se podrá responder factiblemente: *son cualquier cosa*.

El tercer elemento o momento en la reflexión de Baudrillard describe un movimiento contrario: una estricta, rigurosa y necesaria vinculación entre el sentido y la información, en la que el exceso de información destruye o neutraliza el sentido de la realidad. Sin embargo, esta dimensión no ha de pensarse que es un accidente, al contrario es un proyecto cuya intencionalidad es la erosión absoluta de la realidad. Así, la pérdida de sentido está directamente vinculada a la disolvente y disuasiva acción de la información.

A diferencia de las dos anteriores, como ya se dijo, ésta hipótesis mira a una especie de intencionalidad fundante en la opinión pública, por lo cual: el hecho de informar no será tan sólo por informar o establecer una predicación sobre lo real, sino que la predicación que determina el hecho, tiene como objetivo la *destrucción* de todo conocimiento objetivo de la realidad. De modo que esta tercera hipótesis declina el sentido de lo real hacia su neutralidad, banalidad, trivialidad o nulidad. Incluso se podría comprender como una estrategia ideológica de reducción de significado, en cuya ultima instancia la matriz de todo sentido será la ausencia de sentido.

En el plano de la moral, la vida y la política, tenemos consecuencias también, pues este pensamiento que, posiblemente podría confundirse con cierta amabilidad y apertura hacia las diferencias, oculta un rostro demasiado ambiguo, pues en nombre de la libertad y la voluntad, elimina la posibilidad del bien objetivo y su diferenciación cualitativa, e instaura en su lugar la trivialidad de que todo es válido pues el criterio *único* de moralidad es que yo lo quiera de esa forma. Patentando así que la asimetría ontológica del sujeto, no solo se muestra en los modos de producción, sino que impregna el fundamento moral de sus relaciones interpersonales.

Tras estas sencillas exploraciones que han nacido de la realidad y sus sombras es posible verificar que en la actualidad los malestares culturales son tan solo un fragmento en el iceberg que les constituye. En efecto, la sobreproducción de información da testimonio de una disolución del sentido en la saturación de los significantes al interno de la cultura, teniendo en consecuencia, que el llamado sentido genérico de la realidad sea de principio, absurdo e innecesario. Pues al borrarse los límites de la representación, quedan suprimidos los límites del pensamiento, la abstracción, el lenguaje y las formas de comunicación, y en consecuencia los límites de la acción humana quedan suspendidos en un relativismo absoluto en el cual pareciera que todo es universalmente válido. Este es el tránsito hacia el que el hombre se abisma, o bien en el que ya se encuentra.

Nos hemos bebido el mar

La reflexión de Jean Baudrillard, nos ilustra sencillamente que el peligro en las lógicas de producción, será siempre su exceso. Un exceso que dialécticamente privatiza y consume la esencia de los fenómenos en la masificación de la réplica. No es para nada novedoso pues, que una noticia robe la *novedad*, y que una noticia instaure nuevas novedades. En este sentido, no se trata únicamente de reproducir mercancías tan solo por reproducirlas, sino que en la mecanización de las experiencias se acelera su mismo consumo. Es decir, se incrementa oceánicamente la entropía de las relaciones sociales.

Es bien sabido que la modernidad, con su énfasis en el progreso tecnológico y la producción masiva, ha propiciado una creciente brecha entre distintos estratos sociales. Las relaciones asimétricas han surgido como consecuencia de un sistema que favorece la acumulación desigual de recursos y poder, generando tensiones, rivalidades y desigualdades palpables en la estructura social. Este fenómeno ha contribuido al surgimiento de una cultura marcada por la competencia y el individualismo, dejando de lado los valores tradicionales.

La lucha por la accesibilidad de las experiencias, implicará (en relación de la asimetría del sujeto) una identificación y diferenciación de experiencias a experiencias: que esta experiencia sea mía, y solo mía, a pesar de que todos tengan la misma. Esta lógica mercantil tiene su mecanismo, cuando de un mismo producto pueden ofrecerse *otras* experiencias, y la novedad de estas nuevas experiencias nacen de la idea de *solventar* las exigencias de demanda asumidas como necesidad vital para el sujeto de consumo.

De aquí que, cuando un nuevo "teléfono celular" o "automóvil" salen al mercado, las personas hablen sobre querer ese producto o aquel, pero no en relación del beneficio intrínseco producto, sino en relación de la experiencia ofertada. Es decir, como afirmaría Marx en su *Capital* en relación de una vivencia secreta, oculta, no en el acto de consumir, sino en el objeto de consumo y que le constituye en cuanto mercancía, de una serie de sutilezas metafísicas y teológicas (cf. 1976: 163), las cuales lo distinguen de cualquier otro objeto, y por cuyas cualidades operativas podríamos decir, es el mismo.

Ahora bien, como se ha venido diciendo, si la producción industrializada de mercancías responde también a una demanda, esto quiere decir que el individuo mismo se encuentra sujeto a una lógica industrial de consumo. Esta es la lógica del mercado, que es una lógica global estandarizante, que también habrá de ofrecer experiencias únicas para sujetos más "sofisticados", y experiencias más o menos *austeras* para otros sujetos. Según este planteamiento, todos los sujetos *disfrutan* de esta misma *experiencia* acuerdo a sus capacidades monetarias. *Sin embargo*, la experiencia de "exclusividad" que es la experiencia de separación, les *distingue* del resto de la sociedad, y será este motus la constante en los procesos de adquisición. Pues en esta sociedad de consumo compulsivo la personalización de las experiencias significa muy de fondo una despersonalización del individuo, ya que estandariza al individuo *desestandarizándolo* (Lipovetsky: 2009, 63). El caos es su nuevo orden.

Claro que nuestro ejemplo se ha limitado al caso inmediato del consumo de productos genéricos, sin embargo, el consumo de productos no genéricos ha de establecerse en la misma asimetría. Por ejemplo, en el mercado laboral, en de las bienes raíces, las relaciones sociales o del turismo mundial, se sujetan a esta misma lógica de consumo globalizado y globalizante. Cada sector de la vida humana se ha privatizado y convertido en un género específico de mercantilización en el cual los individuos han de sujetarse a "nuevas" experiencias por las cuales han de identificarse y diferenciarse de los otros. Ya nadie quiere algo distinto, sino que la distinción será el consumo unidimensional de lo mismo. Un consumo tan violento y viral que se enmascara bajo el rostro orgiástico de la felicidad.

Finalmente, y visto desde otro horizonte, la existencia de estas sutilezas metafísicas y teológicas quizás no esté fundamentada únicamente en las mercancías, sino más originariamente en el sujeto de consumo que las produce, y por tanto: puede que exista un fundamento ignorado por la reflexión social. Pues, el peligro no declina en la exclusiva privatización o monetización de las experiencias en las cuales la vida fluye, sino en la alienación de la vida. Una alienación que precede, anticipa y fundamenta toda experiencia, y que consecuentemente configura la vida y sus rituales en un escenario donde los discursos sociales ya han sido preestablecidos (Han: 2020). El sentido mismo de la realidad se ha ya disuelto y mercantilizado, la libertad es elegir lo que se elige, pensar lo que se piensa, vivir *por* lo que se vive y morir *por* lo que se muere. Sin saber en realidad qué se ha elegido, qué se ha pensado, qué se ha vivido, ni *por* qué se ha muerto.

El fundamento de este ritualismo que erosiona los rituales de la libertad humana en enfermizas compulsiones por la producción industrializada de vivencias y cuya "más profunda" convicción es la oferta de autenticidad, será lo que Girard habrá de describir como rivalidades miméticas. Y será por medio de estas, que podremos comprender originariamente que las lógicas industriales de demanda acrecentadas por la modernidad, y enloquecidas en los desenfrenos posmodernos, son en su más obscuro y oculto fundamento, lógicas de un profundo deseo de ser (1987). Un deseo que encuentra insoslayablemente un rival en el otro, y cuya existencia establece los límites morales mi acción.

Para el filósofo francés Jean-Paul Sartre, en su obra *El ser y la nada*, el otro revela siempre un carácter amenazante. Pues su existencia expone los limites y fragilidades de mi existencia. La rivalidad con el otro, no es solo de carácter psíquico, sino existencial, y no caben otras actitudes frente al deseo del otro sino la indiferencia, el odio y el sadismo (1984, 494). De este modo, el incremento de la entropía en las relaciones humanas se traduce, consecuentemente, en una vorágine de deseos miméticos, que responde tanto más la insatisfacción del sujeto, que a la lucha justa por la satisfacción de las necesidades humanas básicas. Lo cual puede ser fácilmente comprobado a través de la violencia que se ejerce en la transparencia mediática, donde la creciente pornificación de la vida en las redes sociales revela y pone en disposición las vivencias de otros como mercancías (Han: 2018, 98-104). Experiencias que yo también puedo tener, y en relación de las rivalidades miméticas, experiencias que me veo obligado a superar.

En efecto, la compulsión por la originalidad y autenticidad, no solo se imprime en el momento especifico de consumo de bienes, que de principio establece dificultades para muchos sujetos. Sino como ha subrayado Byung-Chul Han, la compulsión por la felicidad juega un papel mas profundo en la sociedad (2021), pues en razón de obtener una gratificación más profunda el ser humano pierde lo más propio de sí. Buscando la aprobación de los otros al ser como los demás, el ser humano se pierde a sí mismo. El carácter mimético del deseo hace su aparición.

Anteriormente, se subrayó con Girard, que el deseo mimético es esencialmente un profundo deseo de ser. Sin embargo, las contradicciones surgen en la vida del hombre, tan pronto este deseo alcanza formas patológicas. En efecto, una larga tradición pedagógica subraya que el ser humano aprende por imitación, y que es través del juego, y la participación de las dinámicas sociales que los individuos alcanzan su propia funcionalidad. No obstante, este desear mimético que fungirá en el corazón de las rivalidades humanas se comprende como: un desear del deseo del otro, como mi propio y exclusivo deseo. Como mi más propia, absoluta, irrespectiva e insuperable necesidad.

La aparición de esta rivalidad mimética también significará la aparición de los limites morales del deseo: el limite de mi deseo, no es el deseo del otro, sino el otro en sí mismo. De modo que, el otro se mostrará como un obstáculo y una imposibilidad para mi deseo. Un rival que debe ser eliminado de una forma unánime.

El proceso de eliminación del otro ha tenido diversas manifestaciones históricas, las cuales fluyen desde la aparición de los límites religiosos en las sociedades arcaicas, hasta la sistematización de los limites geopolíticos establecidos en las sociedades contemporáneas[3]. La identificación de los sujetos ya sea por raza, género o clase, responde a esta misma intencionalidad. Así pues mientras Hegel y Marx anunciaban que la lucha de clases sociales es el motor de la historia, podríamos afirmar más originariamente con Girard, que el motor de la historia es el deseo mimético, pues este deseo origina el conflicto por el cual existen relaciones asimétricas entre los individuos, que a su vez: dan origen a las clases sociales que dinamizan la historia (Girard: 2012).

Será este deseo, la razón fundamental por la cual el ser humano ha decidido beberse el mar, pues en esta sintomatología mimética, que ubica en el otro el origen de todos sus males, es decir: de los límites del deseo, buscará a toda costa la erosión o eliminación de dichos limites. Será así que en su intencionalidad más obscura buscará asesinar a Dios de forma unánime.

---

[3] El feminicidio o el conflicto en Palestina pueden leerse en esa misma frecuencia.

Pues éste, al revelar su carácter absoluto como fuente y finalidad de la vida moral, se impondrá siempre a la conciencia del hombre como un obstáculo, que si bien posibilita toda acción, imposibilita en ese mismo sentido la apropiación misma del deseo. Será en esta conciencia, la conciencia de los límites del deseo, que el ser humano buscará imponer su deseo sobre la voluntad del otro, y será en esta misma experiencia que "el rival" más incómodo para el ser humano, no será un otro lleno de fragilidades como él mismo, sino un *Otro* que expone las contradicciones de su propio deseo y voluntad.

Esta última conquista de la modernidad se dará para la historia de occidente bajo la experiencia de la muerte de Dios, que no es un concepto del ateísmo para afirmar o criticar a las instituciones religiosas o la inexistencia de Dios, sino el recurso unánime de las compulsiones industriales que operan en el sujeto moderno para imponer su voluntad sobre todo valor. Será esta, al final, la experiencia de *nihilidad* en la que el ser humano moderno y todos sus afanes temporales se abisman.

La muerte de Dios, y la nuestra

La historia del pensamiento contemporáneo es sumamente clara cuando para subrayar las contingencias históricas se refiere. Sin embargo, al estudiar las heridas que sopesan en la historia, el ser humano puede perder de vista la realidad de su forma, y en ese sentido confundir los síntomas con la causa. Será así que en la situación actual, frente al llamado cambio de paradigma cultural o metamorfosis social, las exploraciones críticas puedan limitarse a comentarios que van tanto del marxismo, la teoría critica, el psicoanálisis o cualquier otro genero a una reflexión socio-cultural sobre el consumo. Cabe decir, que dichas reflexiones no carecen de relevancia, sin embargo al hablar de un esfuerzo *genealógico* que explore el fondo (*Gestell*) de los malestares que aquejan a la sociedad, existe en este mismo sentido la necesidad de llevar el pensar a una morada donde la reflexión pueda nombrar aquello que yace más allá.

Por esta razón, cuando se ha afirmado que la muerte de Dios es el fondo que suspira en la articulación de las rivalidades miméticas, se ha significado no sólo que esta muerte es la muerte de los valores tradicionales, sino el fin definitivo de todo valor. Este final para todo valor, será para algunos pensadores la situación irremediable de la cultura, en las cuales se instaura el fin de la historia.

Sin embargo, la dramaticidad de esta *ultimidad* apocalíptica será para nada realista. Pues aunque pareciera que la muerte de Dios es un fenómeno totalitario, es realidad un malestar que si bien se ubica en la cultura, es imposible generalizarlo y ubicarlo en todos y cada uno de los casos en donde exista un declive o decadencia humana. Si el caso fuera que toda la cultura occidental esta sumergida en esta situación, seria imposible siquiera "atestiguar" dicho hundimiento, pues se trata de un movimiento cuya inercia esta presente en todos los procesos humanos. Ahora bien, es debido a que ese proceso no es general ni absoluto, que es posible ubicarlo en ciertos segmentos y niveles de la cultura.

Es precisamente gracias a la existencia de individuos que le sobreviven, que es posible atestiguar esta catástrofe, o como bien diría Buber, esta patética situación en la que el ser humano se pierde (no como género absoluto, sino a niveles individuales). De este modo, al afirmarse que Dios ha muerto, y que nosotros lo hemos matado, se habrá de comprender este asesinato en el sentido de un desplazamiento cultural unánime de los valores trascendentales hacia la inmanencia de la subjetividad (cf. 2003, 53). Instaurando así la hora de las tinieblas, la hora en la que la luz natural del intelecto no puede ver más allá de sus propias condiciones.

Frente a este fenómeno de obscuridad que es el Eclipse de Dios, Martin Buber subraya que no hay problema alguno relativo al sol, sino un problema grave relativo al ser humano, pues son sus ojos los que ya no ven, son sus ojos los que han perdido la disponibilidad de su presencia (cf. *ib.*, 55). Es a esta situación a la que nos referimos, en que son solo algunos sectores de la cultura y de la sociedad, los que sumergidos en las contingencias de la historia han perdido el referente sobre el sentido de lo real, y que en la masividad de aquellos que han perdido el horizonte, podríamos asumir una devastación generalizada.

Sin embargo, asumir esto, sería un error, pues la verdadera tragedia se vive no en el destino de los valores, sino en el destino del hombre. La muerte de Dios, por lo tanto, no será un concepto, sino una *experiencia*. Una condición de fragilidad que afecta a grandes sectores de la sociedad, pues afecta al sujeto, a la persona en sí misma, afectando consecuentemente a las dialécticas industriales del capitalismo como a los procesos ideológicos del comunismo. Afecta a las relaciones internacionales, asimismo como a las dinámicas intrafamiliares. Es sin más, una narrativa que se instaura en todos los niveles de la experiencia humana.

Una escritura que se materializa en la crisis de migración que expulsa industrialmente las futíles existencias de individuos hacia los vertederos de cuerpos que son las fronteras y las periferias. Bauman tenía razón, pues los refugiados, los desplazados, solicitantes de asilo, emigrantes, sin papeles, son todos ellos residuos de la globalización (2015: 81), y sin embargo, la globalización, esa dinámica industrial de importación ideología no es el origen de los males, sino el hombre que la dirige, aquel que se ha dejado corromper y ha perdido el temor sagrado por los valores trascendentales.

Los matices de esta escritura, que es la de la muerte de Dios, extienden su presencia a todos los sectores de la vida, pues es la vida misma del hombre la que se ha alienado en este proceso de rivalidades miméticas, y que busca imponer la voluntad de poder sobre la voluntad y existencia del otro. Será la muerte de Dios, la que hable en último lugar, de la muerte del hombre. Pues en ésta muerte, definitiva ahora por su enormidad, pareciera que todo es posible. Pareciera que la vida es imposible.

Ha sido Dostoyevsky quien nos ha planteado esa realidad, de que tras la muerte de Dios todo es posible. Sin embargo, nosotros no creemos que sea así, creemos que tras la muerte de Dios hay un horror más grave, el horror de la absoluta imposibilidad. Esta certeza emerge, pues incluso en un mundo viciado por el relativismo, que en sus versiones más románticas se estructura bajo contratos sociales, relaciones internacionales o diplomacia, la idea de un bien gira en las mentes de los individuos que actúan de acuerdo a sus propios intereses o intereses parciales en un sistema de beneficios colectivos. Por otro lado, si la muerte de Dios significa en efecto, que todos los valores se han perdido, esto implica consecuentemente que ni siquiera es posible un sistema de reconocimiento que prefigure un bien común. Si Dios ha muerto, sencillamente, nada es posible.

¿Se ha perdido el paraíso?

Una cosa es cierta. El mundo contemporáneo no es un paraíso, y nunca lo ha sido. El jardín del edén es una metáfora fascinante sobre la obsesión del hombre en su búsqueda de omnipotencia, su expulsión atestigua la errancia, la orfandad que nos acompaña desde los orígenes de la cultura. La idea de que este mundo es para siempre, es tan solo una herencia fantástica de los griegos quienes creían que este mundo ha estado desde siempre. Nuestra cosmovisión se ha movido siempre en una interpretación de la naturaleza o *physis* en el sentido de eternidad e inmutabilidad, y hemos adjudicado el factor del cambio o la contingencia a todo aquello que es deleznable. La fragilidad ha sido siempre un *antivalor*, la corruptibilidad una vergüenza.

Será así que incluso las antropologías más "modernas" se moverán siempre en términos de un endiosamiento de esta criatura que lleva unos cuantos millones de años. No es culpa sólo de Aristóteles quien nos definió como un *animal rationale* sino también de los franceses que gritaron *salve la diosa razón*. La historia de las ciencias en general se mueve en esa misma interpretación solemne de nuestra frágil y contingente inteligencia.

Hemos producido innumerables conceptos sobre la grandeza de este *bipedo implume*, pero se nos ha olvidado que fuimos nosotros quienes hicimos los mácabros actos del siglo pasado. Desde los campos de extermino, el Gulag, hasta las fosas clandestinas de Guerrero. La guerra contra el estado islámico y la guerra contra el narco. Todas ellas han sido creaciones del genio humano, en el vacío nombre de sus rivalidades miméticas.

La historia de las sociedades humanas ha sido la epopeya del deseo mimético, una historia de rivalidades que terminan con la muerte. Sea la muerte de Abel o la del Cristo, la de Augusto César o el emperador Moctezuma, toda muerte es siempre un transito. Al menos así se ha comprendido en la historia de la filosofía, como continuidad, como cambio o sucesión de estados. La sociedad nuestra no es la excepción. Cada fragmento de la historia tiene las mismas heridas. Pues mientras la sociedad medieval se dejó gobernar por un ciego dogmatismo, la moderna cayó en el abismo idolatra de la razón. Mientras la era colonial se dejó imperar por el sistema de castas y el tráfico sistemático de esclavos, la nuestra se deja gobernar un triste nacionalismo romántico. Quizás la verdadera provocación sea decir que ahora vivimos mejor.

La sociedad en la que vivimos, es una sociedad sumamente agresiva en todos sus niveles. Muy probablemente sea peor la situación, pues los procesos de industrialización no solo han acabado con nuestro planeta, sino con las familias. Mientras extinguen los recursos naturales, las familias se desintegran para cumplir con las jornadas laborales. Las democracias se han subordinado a los capitales privados. Los representantes políticos ya solo representan intereses ideológicos, han dejado de representar al pueblo. La soberanía de los países se entiende en el sometimiento a los más poderosos. Un sometimiento que procede del miedo.

La acción humana se entiende solo en términos de producción. El ocio ya no existe porque no produce, ahora la gente se distrae con drogas recreativas y vicios lascivos. Los mitos, las creencias, los dioses, todos esos valores se disuelven en el desencanto. La familia y la religión se convierten en una realidad alienante, no en un fin en sí mismo.

La situación actual nos enseña demasiado, nos muestra la presencia corrosiva e inquietante de los valores que se derrumban, y con ellos no solo la cultura y la sociedad, sino nosotros. Pues nosotros, los llamados modernos, estamos sin raíces, navegamos desnudos a ciegas, huérfanos en el mundo y la historia, con desencanto y sin brújula, sin rutas ni trayectos, ni metas futuras a las que llegar.

Y sin embargo…

Si el paraíso se ha perdido. Si el paradigma se ha perdido, es quizás porque fuese sólo un ídolo, una imagen retorcida de nuestras rivalidades, una proyección absurda de nuestros deseos o una sublimación mediocre de nuestras miserias y nuestros miedos. Si Dios ha muerto, es porque no era Dios. Así pues, su muerte, su distancia, su crepúsculo, su desvanecimiento, no da lugar tanto a un desierto, sino a un espacio anónimo. Un espacio que llama a una más radical afirmación, de lo más hondo, lo más alto, lo más ancho, lo más vasto, lo más santo. La presencia ignorada de su nombre en el hombre.

CAPÍTULO 2

La Metamorfosis Social y La Ventana de Overton

La irrupción fascinante de la imagen
en los medios audiovisuales,
favorece la propagación e idealización
de modelos de conducta irracionales.
En los Medios A Favor de lo Mejor, AC

Por Verónica O. Lozano

La constante que ha acompañado al homo sapiens a lo largo de su evolución ha sido el cambio. Cualquiera de las teorías que tomemos para estudiar y entender el origen y desarrollo de la vida humana sobre la faz de la tierra, presenta esa constante: el cambio. Mencionemos -entre otras- la Autogénesis (teoría biológica de abiogénesis), Panspermia (origen cósmico), Teoría de la Evolución de Charles Darwin, el Creacionismo (afirma que una inteligencia superior nos creó), etc. Entonces, si el cambio es la constante, ¿porque escribir estos textos de la "Imparable Metamorfosis Social"?

Ciertamente la respuesta no es sencilla, pero intentaré responderla. Generalmente cuando se adopta un cambio, tiene la intención -o al menos aparenta- de mejorar las condiciones de cada momento, sin embargo, hoy se perciben cambios que no parten del pensamiento que sugirió el filósofo francés René Descartes[4], "El YO pensante

---

[4] René Descartes (1596-1650) fue un filósofo, matemático y físico francés, considerado el "padre de la filosofía moderna" y fundador del racionalismo. Famoso por su frase *Cogito, ergo sum* ("Pienso, luego existo"), revolucionó el pensamiento occidental al basar el conocimiento en la razón y la duda metódica.

es el punto de partida". Subrayo el "YO pensante" la cogitativa del hombre, pues la razón es precisamente la característica que nos diferencía de otras clases de vida.

Hoy ciertamente percibimos algo inquietante: cambios sociales que no parecen apuntar al progreso, a mejorar la calidad de vida de los seres humanos sino al contrario, denotan una clara distracción de lo profundo, lejos del aprendizaje formativo del ser humano, amén de una clara intención de denigrar, descalificar principios y valores que en un pasado no lejano, dieron lugar a importantes logros, producto del cerebro humano.

Debo destacar algo que me parece alarmante; las generaciones de niños y jóvenes -que en unos años administrarán este mundo-, están registrando un alarmante proceso de desaprendizaje, tal como lo documenta el neurocientífico Michael Dermurged[5] en su libro "La Fábrica de Cretinos Digitales", donde detalla los hallazgos de su investigación acerca de la generación "Z" y los efectos de su relación con las pantallas digitales.

La mayoría de los jóvenes de la generación "Z", pasan gran parte de su tiempo frente a una pantalla, y están inmersos en el mundo digital, es una generación que creció en un entorno de alta hiperconectividad. Les es difícil concebir el mundo sin los dispositivos electrónicos y ahora la tan solicitada IA Inteligencia artificial, que pone "el mundo en sus manos", pero en contraparte afecta el potencial desarrollo del cerebro humano, ya que soluciona una parte

---

[5] Doctor en neurociencia y director de investigación en el Instituto Nacional de la Salud y la Investigación Médica de Francia, es autor de una vasta obra científica y de divulgación y ha colaborado en centros de investigación como el MIT o la Universidad de California. Con *La fábrica de cretinos digitales* ganó el premio Femina de las letras francesas.

importante de las problemáticas que le plantean, incluyendo en esto la paulatina pérdida de la interacción humana y sus consecuencias, aislamiento, depresión, ansiedad, etc.

Por lo supracitado, entre otras razones nuestra vocación académica, despierta la intención de documentar los cambios en proceso y a partir de varias teorías y análisis, presentar los hechos para tratar de entenderlos y normar criterios con conocimiento de causa.

Primeramente veamos algunos conceptos clave para encontrar un punto de partida común: ¿Que es la metamorfosis?, según el diccionario de la real academia española (DRAE) se define como la *transformación de algo en otra cosa*. ¿Y la palabra social? Perteneciente o relativo a lo sociedad. Dicho de una persona con un hábito o costumbre que lo desarrolla en compañía de otras personas, estimulada o inducida por ellas. Claramente vemos que alude a lo comunitario, colectivo, general. Por otra parte la palabra sociedad, según el DRAE, es el conjunto de personas, pueblos o naciones que viven bajo normas comunes, así mismo es la agrupación natural o pactada de personas, organizada para cooperar en la consecución de determinados fines.

Si consideramos que el ser humano es un ser complejo, tripartita, conformado por cuerpo, alma y espíritu, esta metamorfosis a la que nos referimos puede sucederse en cualquiera de estas esferas, sobre todo, en el alma, que alberga la parte psicológica (mente y emoción) del ser humano. Por lo tanto la frase Metamorfosis Social, remite a un impacto individual y posteriormente colectivo.

Del modelo unidireccional al ecosistema de redes.

Uno de los factores que facilitaron y aceleraron los drásticos cambios sociales que se registran en este siglo XXI, sin duda son los medios de comunicación masiva, que juegan un papel toral en esta metamorfosis social que se gesta. Si nos remontamos a otros tiempos, los cambios se daban lentos, es decir en proporción a la capacidad de comunicación de cada grupo social en cada época.

Les comparto un recuento "a ojo de pájaro" de la evolución de los medios de comunicación:

El hombre primitivo inicialmente se comunicó con lenguaje corporal, gestual, sonidos guturales, ruidos que imitaban a la naturaleza o de los animales, su comunicación fue interpersonal o bien entre grupos pequeños. El mundo evolucionó y en la era tribal[6] se crean códigos con mensajes de humo. Durante esa comunicación primitiva para abatir la distancia, el cuerno aerófono[7] fue una herramienta importante, así como las palomas mensajeras. La historia registra el lenguaje Sumerio[8], primer lenguaje estructurado basado en la escritura cuneiforme. Se escribía sobre madera de cálamo encerado, o en arcilla. Aún podemos encontrar petroglifos evidencia de la escritura en piedra,

---

[6] La era tribal se considera el periodo más antiguo de la organización social humana, caracterizado por pequeños grupos nómadas o seminómadas de cazadores-recolectores con linajes compartidos, anterior al desarrollo de la escritura y la agricultura compleja. Esta etapa se define por el aislamiento, la homogeneidad cultural y la supervivencia basada en costumbres comunes y el liderazgo de ancianos.

[7] La comunicación primitiva utilizando cuernos de animales es uno de los sistemas de señales acústicas más antiguos conocidos, empleado por diversas culturas para transmitir mensajes a larga distancia. Estos instrumentos, funcionales y simbólicos, eran elaborados principalmente a partir de los cuernos de animales rumiantes.

[8] El lenguaje **sumerio** (*emeŋir*) fue la lengua de la antigua Sumeria, que se habló en el sur de Mesopotamia desde por lo menos el IV milenio a. C., continuó en uso como lengua sagrada y de empleo científico en Mesopotamia hasta comienzos de nuestra era.

como el Código de Hammurabi[9]. Enviar un mensaje a largas distancias podría tardar días, meses o años, los traslados fueron a pie, a caballo, camello, mulas, lanchas, barcos, etc. Cerramos la época de la historia antigua mencionando que el papel fue inventado por los chinos en el año 105 dC.

En el período de la edad media que inicia en el Siglo V con la caída del Imperio Romano, hasta el Siglo XV marcado con el inicio del Renacimiento, la comunicación escrita era privilegio de la iglesia y algunos nobles (reyes y príncipes) entonces predominaba la comunicación oral y la representación gráfica en menor nivel. La educación, la cultura y la comunicación se convirtieron en las armas más poderosas de control y sumisión. El discurso público de la época fue la lectura de los edictos reales por parte de los pregoneros oficiales que daban lectura a las ordenanzas del rey, acompañado de un predicador que se encargaba de persuadir al pueblo. En esta época surge la figura de los juglares que viajaban de pueblo en pueblo informando las noticias, "cantándolas", fueron algo así como los primeros "reporteros". También el teatro se posiciona como uno de los centros de control político más importantes de ese tiempo. En el año 1450 la imprenta reinventada por Gutengberg en Alemania se posiciona y revoluciona la comunicación al imprimir documentos en volumen y a una velocidad sin precedente hasta ese momento, ya que antes se copiaban libros enteros a mano, tardando meses en cada ejemplar. Surge la censura oficial que imponía hasta pena de muerte a quienes desobedecieran las leyes del

[9] Un solo orden legal. El Código de Hammurabi es uno de los conjuntos de leyes más antiguos y mejor conservados de la antigua Mesopotamia, creado alrededor de 1750 a.C. por el rey Hammurabi en Babilonia. Escrito en basalto negro (2.25m de altura) con escritura cuneiforme, establecía 282 leyes basadas en la ley del Talión ("ojo por ojo, diente por diente").

momento. La educación se democratizó ante la conciencia y necesidad de alfabetizar al pueblo.

Durante ese tiempo, suceden eventos importantes que van construyendo paulatinamente lo a la postre hoy disfrutamos. Mencionemos algunos de estos maravillosos inventos: la fotografía, el primer telégrafo y el correspondiente código Morse, la telegrafía sin cables, el fonógrafo, el teléfono, descubrimiento de la existencia y aplicación de las ondas electromagnéticas, el linotipo, la trasmisión de los primeros impulsos eléctricos sin cables y llegamos a los albores del siglo XX. Nótese que los eventos se sucederán a partir de este referente ya con una corta secuencia entre uno y otro, antes milenios o siglos, luego décadas, años o meses, días. 1895 primera proyección cinematográfica en Francia, 1905 surge la radio, 1935 la televisión, la proyección en 3D (tercera dimensión), 1957 la URSS lanza el Sputnik[10] 1, En Estados Unidos 1960 inicia la computación. Estados Unidos en 1962 lanza el Telestar I satélite que enlaza la comunicación America-Europa. En 1969 se establecen las bases de internet al lograr enlazarse cuatro universidades sin nodos centrales: Los Ángeles University, Santa Barbara en California, Utah y Stanford Research Institute. En 1970 se crean protocolos utilizados para la transferencia de información en internet como el www. (world wide web), ese mismo año se produce la primer fibra óptica. Se descubre rayo láser, se crea el videocasete sistema de grabación. 1978 el "boom" de las computadoras personales (PC), se populariza la comunicación vía satélite, se crea el sistema de correo digital e-mail, el CD ROM, 1983 se empieza a utilizar el

[10] El Sputnik 1, el primer satélite artificial de la historia fue lanzado por la Unión Soviética el 4 de octubre de 1957 desde el Cosmódromo de Baikonur. Este hito marcó el inicio de la era y la carrera espaciales con Estados Unidos, orbitando la Tierra durante tres semanas.

término “realidad virtual”. 1985 Microsoft inventa el sistema operativo Windows. 1987 primeros video juegos en tercera dimensión. 1989 se inventa la televisión de alta definición (HDTV), se inicia la trasmisión vía “fax”. 1991 se consolida internet, con la ayuda de la fibra óptica se registra una taza de datos de 32 mil millones de bits por segundo. Se inventa el DVD (digital video disc). En 1993 había 130 sitios web, para 1998 aumenta la cifra a 2,220,000 sitios, fenómeno sin precedente en la historia de la humanidad.

El Siglo XXI supera las expectativas del hombre de todos los tiempos en materia de comunicación: abatir la distancia y el tiempo para comunicarse. Ahora son herramientas cotidianas, logros asombrosos, aunque nos hayamos acostumbrado a percibirlos como eventos normales. Entre otros muchos, destacamos: Año 2000 aparece la plataforma Google, MySpace 2003, con estos innovadores modelos de comunicación surge la oportunidad de la participación de usuarios que pueden generar y compartir contenidos, 2004 se lanza la red social Facebook, así mismo se lanza la primer tarjeta de memoria SD (Secure Digital) un pequeña pieza que almacenaba 2,000 imágenes tomadas a 1,600 pixeles de resolución y aumenta su capacidad exponencialmente en un corto período. Emerge la Web 2.0, se difunden exponencialmente por su sistema accesible y sencillo. Surgen blogs, wikis, cientos de aplicaciones de la web y se dispara el intercambio de mensajes, millones de imágenes, audios, música, información, etc.

El fenómeno que estaba ocurriendo en ese tiempo, construía un escenario para lo que fue descrito como la “Primera Inteligencia Compartida”. El uso de la inteligencia se popularizaba cada vez más y esto abarató su acceso beneficiando a billones de usuarios alrededor del mundo.

El año 2005 fue el año en que se lanza YouTube, plataforma para videos en línea, alcanzando a un año de su lanzamiento 100 millones de vistas. En el 2006 aparece en el escenario digital Tweeter (microblogging). 2007 IPhone (teléfono inteligente) registrando un volumen de ventas al público sin precedente. 2010 se crea Instagram, 2011 la revolución de las redes sociales, 2016 TikTok. Las pantallas LED en el año 2020, así mismo la incorporación de la IA (Inteligencia Artificial), 2024 dispositivos de realidad aumentada, y en lo que escribimos estas líneas, la información va en aumento.

Formas y Fondos

Con el recuento del desarrollo en materia de comunicación y la incorporación de la tecnología a ésta, es sabido que el fenómeno en mención trajo consigo un intenso interactuar entre los seres humanos y sus consecuencias. Aquí visualizamos dos sistemas que deben transitar paralelamente la forma, es decir el aspecto técnico, y el fondo, los contenidos es decir los mensajes de las comunicaciones, ambos deben responder a necesidades y regulaciones diferentes. Cabe mencionar que las leyes que regulan la operación tanto en el aspecto técnico como en la trasmisión, recepción y supervisión de contenidos quedaron superadas por la demanda. Los eventos sucedían a tal velocidad que fueron totalmente rebasados los órganos legislativos a nivel mundial, y México no fue la excepción. Citamos como ejemplo la Ley Federal de Radio y Televisión de 1960, sus reglamentos, a pesar de sus modificaciones sigue vigente en esencia (OBSEVACOM, 2025). Actualmente existen los marcos legales para contenidos audiovisuales, pero en la práctica aún escuetos e insuficientes (CONCRETA, 2025) dada la naturaleza de su dinámica en constante cambio y siguen siendo superados por cantidad y complejidad a la demanda de atención de casos con temas de los más diversos, entre otros, contenidos inadecuados para menores incluyendo algunos de alto riesgo, fraudes bancarios, noticias falsas, etc.

Casos registrados de denuncias de particulares, fueron atendidas por autoridades del más alto nivel que discutieron iniciativas como la "Ley Olimpia", que se aprueba precisamente ante un caso de violación de privacidad en las redes sociales de una joven residente del Estado de Puebla. Así mismo se registran actos como suicidios de niños que "juegan" a los desafíos (C5N, 2025) de las redes sociales. La ciberseguridad está en jaque, de ello dan cuenta los noticiarios diariamente al informar que van en aumento y complejidad los delito; extorciones, fraudes a través de aplicaciones en los móviles, etc. Citamos notas recientes de los sistemas médicos -especialmente centros hospitalarios- que se encuentran bajo constantes amenazas por parte de grupos cibercriminales (González, 2024).

Marshall Mc Luhan.

El vaticinio del impacto de internet en las audiencias.

Los efectos que los contenidos de los medios de comunicación masiva causan en sus receptores fueron advertidos por Marshall Mc Luhan filósofo, teórico canadiense, pionero en mencionar sobre la *autotransformación de la sociedad del Siglo XX*. Resumió su visión de la poderosa influencia de la televisión, las computadoras y otros medios electrónicos de difusión de información, en la *configuración de los estilos de pensamiento* ya fuera en Psicología, Sociología, arte, ciencia o religión, es decir en cualquier área del conocimiento. Marshall Mc. Luhan vaticinó el impacto en las audiencias, décadas antes de que naciera internet y la comunicación digital. (BBC News Mundo, 2017). Afirmó:

"El nuevo medio, el que sea que venga, podría ser la extensión de la conciencia, incluirá a la televisión como contenido, y no como medio".

Sus palabras sobre la difusión masiva y la sociedad de la información, que describió en su obra *La Galaxia Gutenberg* (1962), y su frase más célebre **"el medio es el mensaje"** (a finales de los setenta), le hacen pasar a la historia como un visionario de internet.

Mc. Luhan dedicó gran parte de sus estudios al tema de la manipulación de los medios sobre las masas y lo explicó a través de las frases que lo inmortalizaron.

Reflexionemos estos preceptos de Mc. Luhan generados a partir de las siguientes ideas, que hoy en el Siglo XXI cobran más sentido y vigencia que a finales de los años sesenta cuando él hablaba de estos temas.

"El Medio es el mensaje". El medio y el mensaje funcionan como una simbiosis puesto que uno contiene al otro y lo afecta directamente. Imposible separarlos. Ejemplo: el libro contiene la palabra impresa, que contiene la escritura, que contiene las ideas... y así por lo que el contenido se convierte en el mensaje del medio continente. Actualmente lo podemos interpretar como la imagen que contiene las formas y colores, que contiene el móvil, que se trasmite en la plataforma, en el canal; la conceptualización que tengamos del canal emisor impacta al calificar al contenido. Con esta frase Mc Luhan advirtió sobre el poderoso potencial del entonces nuevo medio de comunicación y pretendía promover una concienciación respecto a su enorme poder.

"***Aldea Global***". Esta es una de sus ideas mas relevantes, ya que dejó entrever la *cultura de las masas*, la cual afirma que los medios de comunicación masiva (mass media) son los modeladores de la conducta del ser humano y su teoría explica que cuando el hombre vivió aislado (Era Tribal) creó un pensamiento mecánico de supervivencia. Posteriormente con el primer medio de comunicación masiva como la imprenta (Galaxia Gutenberg), inicia la separación de esa acción mecánica indicándole a las personas como vestir, como hablar, como pensar. Actualmente vivimos en una "Aldea Global" -la globalización- que es continuamente bombardeada por información convirtiendo todo esto en una cultura de masas, es decir lo local se va paulatinamente desapareciendo para dar paso a una nueva forma de pensamiento uniforme.

"***Formamos nuestras herramientas y luego estas nos forman***". Este precepto se refiere a las herramientas de comunicación creados por el hombre como la palabra, el cine, la radio, la televisión, la música, etc. Estos a través de los contenidos influyen y forman nuevos pensamientos en el receptor, de forma tal que estos "nos forman y transforman". Esto al paso de los años se ha convertido en un imparable bucle progresivo sin fin.

"***Somos lo que vemos***". Nuestros ojos son la ventana al mundo, lo que vemos, esas imágenes son la fuente que alimenta nuestra mente y se convierte en nuestro *marco de referencia*, nuestros conceptos, creencias, pensamientos y finalmente eso es lo que somos. Aunque Mc. Luhan solo lo mencionó con el sentido de la vista, este análisis también lo podemos aplicar al audio, es decir los sonidos y todo lo que escuchamos.

"***Los medios, extensiones de nuestro cuerpo y nuestros sentidos*". ** Con la digitalización y la consecuente incorporación de los medios de comunicación masiva a la vida cotidiana, el ser humano virtualmente "extiende su presencia" a confines distantes, es decir ver (con nuestros ojos) eventos que se suceden en el otro extremo del globo terráqueo como si se estuviese presente. Interactuar en tiempo real por videoconferencia (escuchar y ver) con personas que se encuentran físicamente en lugares distintos. Hoy Siglo XXI es una realidad el monitorear en tiempo real diversos contenidos simultáneamente, como la evolución de eventos de interés mundial o lo que sucede en nuestra casa cuando estamos fuera en ella.

La presencia "omnipresente".

Inclusive, cabe mencionar, -aunque guardadas las proporciones de los temas-, la telecirugía, como la prostatectomía realizada entre Bélgica y España (ondacero.es, 2025), donde el Doctor Javier Romero Otero que instruyó a *Tousmai* un avanzado robot quirúrgico para ejecutar maniobras, resultando en un éxito, pues la eficacia y los resultados de la operación se dieron como si lo hubiese hecho el médico personalmente, afirmaron expertos.

En 1964 Marshall Mc. Luhan publica su tercer libro "*Understanding Media*" (La comprensión de los medios de comunicación como extensiones del hombre) donde justamente explicó lo que hoy en el año 2025 comprendemos a cabalidad. Extensiones de nuestro cuerpo (Islas, 2004).

Marshall Mc Luhan advirtió como se impondría la aldea global desapareciendo las formas de comunicación particulares de cada región, como ejemplo fehaciente veamos las lenguas indígenas. Estudio publicado por el Banco Mundial (Freire, 2019) ofrece cifras irrefutables comprobando como cada generación son menos los jóvenes de esas comunidades que las aprenden de sus padres o abuelos, tal es el caso del mixteco, zapoteco, otomí, náhuatl, maya, tepehuane y muchos otros que llegaron hasta nuestros días por trasmisión intergeneracional. Actualmente viven 42 millones de indígenas en America Latina. Se hablan 560 idiomas indígenas, que como afirma German Freire autor del estudio, al perder su idioma mema su identidad, su memoria colectiva, su orgullo de pertenencia y su dignidad. Las razones por las que las lenguas indígenas están desapareciendo no obedecen estrictamente a procesos lingüísticos ni al descuido en el registro de las tradiciones orales o el contexto sociolingüístico. Este proceso de pérdida es complejo, producto de un sistema globalizante poco considerado con las minorías, deficiente en el reconocimiento legal de los derechos indígenas. La realidad contrasta en una dicotomía con el discurso público. El artículo en mención dimensiona la gravedad de la situación:

> "Con las lenguas indígenas desaparecen inevitablemente un conjunto de conocimientos ambientales, tecnológicos, sociales, económicos o culturales que sus hablantes han acumulado y codificado a lo largo de milenios", afirma German Freire, especialista en desarrollo social del Banco Mundial y autor del informe Latinoamérica Indígena del siglo XXI

Marshall Mc. Luhan un visionario que en los años

sesenta anticipó como los medios de comunicación masivos moldearían a las sociedades del Siglo XXI en una "Imparable Metamorfosis Social".

Umberto Eco, La Base Semiótica y el Poder del Símbolo

"*La propaganda es a la democracia,*
lo que la violencia es a un Estado totalitario".
Edward Bernays

La metamorfosis social iniciada en la segunda mitad del siglo XX no es solo un cambio tecnológico, sino una reconfiguración de la psique colectiva. Si bien los medios análogos como la radio y la televisión sentaron las bases de una "cultura[11] de masas", la era digital ha perfeccionado la capacidad de los medios para moldear la realidad subjetiva.

Recordemos a Edward Bernays[12] en su obra La Propaganda (1928) (Peytibi, 2025) que en un escenario catastrófico entre la primera y segunda guerras mundiales en Europa, analiza a través de la Psicología Social el comportamiento humano. Bernays sobrino y pupilo de Sigmond Freud[13] afirmó:

---

[11] f. Conjunto de conocimientos que permite a alguien desarrollar su juicio crítico. Sinónimo de cultivo. Conjunto de modos de vida y costumbres, conocimientos y grados de desarrollo artístico, científico, industrial, en una época, grupo social.
[12] Edward Bernays fue una de las figuras más influyentes en la historia de la comunicación, la publicidad y la propaganda. Nacido en 1891 en Viena, Austria, se convirtió en una pieza clave en la construcción de la industria de las relaciones públicas tal como la conocemos hoy. Su trabajo combinó los principios de la psicología de masas con estrategias de persuasión para moldear la opinión pública, influir en el comportamiento del consumidor y manipular el discurso político. él lo llamaba la *ingeniería del consentimiento.*
[13] Sigmund Freud fue un médico neurólogo austriaco de origen judío, padre del psicoanálisis y una de las mayores figuras intelectuales del siglo XX.

"Las masas pueden ser manipuladas moldeando sus emociones, percepciones y creencias, hasta hacerles ver una versión construida de la realidad como si fuera natural, logrando así que el control se "internalice en el ser", así esa construcción de la realidad la reproducen las mismas personas.

Para entender esta transformación, debemos citar a Umberto Eco[14], en su análisis de los lenguajes de la comunicación de masas, Eco comprueba en su obra "A Theory of Semiotics"[15], que la cultura no es solo información, sino un sistema de signos y símbolos cargados de significantes. En su obra, elabora una teoría sobre los códigos y la tipología de los modos de producción. La semiótica demuestra que hay sistemas constantes que permanecen ocultos en los procesos de comunicación.

Antes de continuar, debo destacar uno de los presupuestos clave de la amplia producción de este autor: "el convencimiento de que todo concepto filosófico, toda expresión artística y toda manifestación cultural, de cualquier tipo que sean, debe situarse en su ámbito histórico".

Para Umberto Eco, la comunicación de masas funciona como una **fábrica de significados** (interpretación). Los medios no nos dicen qué pensar, sino que nos entregan los **signos** (imágenes, palabras, colores)

---

[14] Umberto Eco. Escritor, filósofo italiano, experto en Semiótica. Doctorado en Filosofía y Letras en la Universidad de Turín (1954). Crítico literario, semiólogo y comunicólogo. Miembro del Foro de Sabios de la Mesa del Consejo Ejecutivo de la UNESCO y Doctor Honoris Causa por 41 universidades de todo el mundo, entre ella la Universidad Complutense de Madrid (1990), Universidad Libre de Berlín (1998) ... En el año 2000 recibió el premio de Comunicación y Humanidades Principe de Asturias. Fue Caballero de la Legión de Honor francesa.

[15] La Semiología es el estudio de los signos en la vida social.

ya cargados de intención.

Signos que según Umberto Ecco se utilizan para representar algo más

El signo (figura, letra, imagen ...) es cualquier cosa que se usa para representar algo más, es decir, se da por la relación semiótica de lo designado, el designante y la representación, mientras que un *símbolo* según el diccionario de la Real Academia Española es un elemento u objeto material que por convención socialmente aceptada o asociación, se considera representativo de una entidad, de una idea o de una cierta condición. Representa, como ejemplo una bandera que representa un país, una nación y todo lo que esta implica.

La manipulación ocurre porque los signos y símbolos son "envases" que se llenan de "ideologías". Ejemplo: Un pañuelo de color (rosa, verde, azul, arcoíris). Físicamente es solo una tela, pero semióticamente es un **signo** que activa toda una serie de valores, prejuicios y lealtades en quien lo ve. El proceso de manipulación ocurre al saturar el entorno de ciertos signos (en películas, redes sociales, carteleras en las calles, letras de canciones, música, escuelas, instituciones u organizaciones, etc.), se acostumbra al cerebro a asociar esos símbolos con algunos conceptos estratégica y arbitrariamente preconcebidos como "lo bueno", "lo moderno", "lo sano", "lo vulgar", "lo prohibido", etc. sin que medie una explicación lógica. Ya está tan “hecho” o codificado[16] aquel mensaje que el receptor no necesita hacer ningún esfuerzo por interpretar/decodificar o entender la intención detrás de él.

El efecto es que el comportamiento de los receptores cambia, las personas cambian, porque han dejado de interpretar la realidad por sí mismas y han comenzado a reaccionar a los símbolos que el emisor ha sembrado en su imaginario.

Para ilustrar el precepto anterior, cito a Giovanni Sartory en su obra “Homo Videns, La Sociedad Teledirigida (Sartori, 1998)”, en sus textos demuestra como la humanidad en general ha mutado del “homo sapiens” (hombre de la sabiduría) al “homo videns” un hombre que ve y actúa, es decir no necesariamente razona y cabe mencionar que afirmó que el grosor de la humanidad se dirige al “homo luden”, un hombre que vive por y para el placer.

Eco decía que el emisor (quien crea el contenido) a veces envía un mensaje sabiendo que el receptor lo entenderá de una forma distinta a la realidad, pero conveniente para su intención o para el poder. Esto funciona cuando se lanzan palabras "comodín" o ambiguas (como "progreso", "diversidad" o "libertad"). Como cada uno tiene su propia concepción del vocablo, el emisor manipula a las masas haciéndoles creer que todos están de acuerdo en lo mismo, cuando en realidad están siendo guiados hacia un objetivo específico aunque no claro. Las personas toman decisiones basadas en lo que *creen* que el símbolo significa, no en lo que el símbolo *es* en realidad. Si llevamos este planteamiento al escenario de campaña de

---

[16] Transformar mediante las reglas de un código la formulación de un mensaje.

propaganda en un proceso electoral, es claro que se puede planear un resultado favorable al emisor sin que esto signifique lo mismo para el receptor.

Para esto necesitamos entender dos conceptos básicos: el significado de un objeto o idea tiene dos interpretaciones; la primera es el significado *denotativo*, simplemente lo que es y el *connotativo,* como puede ser la metáfora, que refiere a la interpretación que se le da culturalmente, de acuerdo con el contexto, tiempo y lugar donde se decodifica el mensaje. Como ejemplo citamos una manzana, es simplemente una manzana, interpretación denotativa, pero la interpretación connotativa que se le da es: símbolo de salud (para la medicina), de pecado (para la religión), "Apple" símbolo de una marca de Tecnología, etc.

Muchos símbolos son pictografías con significado propio, como son los logotipos[17], hoy en día refieren al concepto y esencia de marcas, instituciones, asociaciones culturales, artísticas, religiosas, políticas, comerciales, deportivas, etc.

Eco consideró en sus análisis la "*Obra Abierta*", donde el receptor interpreta libremente. Sin embargo, en la comunicación de masas, la manipulación busca lo contrario: crear una *"obra cerrada".* La manipulación hoy en día se da en los medios digitales, pues acota la interpretación y no dejan espacio a la duda. Usan signos tan cargados emocionalmente (indignación, alegría, miedo, euforia) que fuerzan al espectador a reaccionar de una sola manera. Esto elimina el pensamiento crítico. La persona ya no analiza el contenido, lo asume, solo *reacciona* al signo.

---

[17] Un logotipo es una representación visual y gráfica —compuesta por texto, imágenes, formas y colores— que identifica y expresa la esencia de una marca, empresa o producto.

Si ves el signo "X", debes odiar; si ves el signo "Y", debes aplaudir, el parámetro?: los “likes” o “trending topics” (tendencias), la moda...

Precepto interesante de Eco: Apocalípticos e Integrados.

Según su perspectiva sobre la cultura de masas, la idea de compartir la cultura de modo tal que pueda ser apreciada por todos es un contrasentido, no se trata de una cultura sino de una “anticultura”.

> “Si *la cultura es un hecho aristocrático, cultivo celoso, asiduo y solitario de una interioridad refinada que se opone a la vulgaridad de la muchedumbre (Heráclito: “¿Por que queréis arrastrarme a todas partes ignorantes? Yo no escribo para vosotros sino para quien pueda comprenderme. Para mi uno vale por cien mil y nada la multitud)”.*

Los *Apocalípticos*. Luego de este fuerte y polémico enunciado, la mera idea de una cultura compartida por todos, producida de modo que se adapte a todos y elaborada a medida de todos, es calificada de un contrasentido monstruoso. “La cultura de masas es la anticultura”, sin embargo, Eco reconoce que llegó para quedarse y afirmó que no es un signo de una aberración transitoria y limitada, sino que llega a constituir el signo de una caída irrecuperable, a la cual el hombre de alta cultura no puede más que expresarse en términos de Apocalipsis (Eco, 1968).

En contraste tenemos la reacción optimista del integrado, dado que en la década de los sesenta la televisión, los periódicos, la radio, el cine las historietas, la novela popular, revistas, etc. ponen los bienes culturales a disposición de todos, haciendo amable la absorción de nociones y la recepción de información, ampliando el campo cultural a un nivel extenso lo que implicó una cultura popular. Los integrados como los identificó Eco, raramente teorizan, prefieren no disentir y se adaptan, solo consumen.

En la transición de los medios análogos a digitales, el receptor ha pasado de ser un "integrado" o un "apocalíptico", a ser un productor de contenido. Sin embargo como lo decía Eco, la *multiplicidad de mensajes* en la red, puede llevar a una pérdida de la jerarquía del conocimiento, donde el símbolo -el meme, el tweet- prima sobre el argumento. Décadas después validamos sus conceptos.

La *multiplicidad de mensajes* en la red que en su momento refirió Eco, se traduce actualmente en **infodemia,** fenómeno que se genera al compás de la información que fluye en internet, especialmente en las redes sociales, es un neologismo que combina las palabras *"información"* y *"epidemia"*. Fue popularizado por la Organización Mundial de la Salud (OMS) para describir una situación específica de la era digital. El término refiere a la saturación, es el **exceso de información** (alguna rigurosa y otra falsa) sobre un tema específico, que se propaga de forma masiva y rápida a través de los medios digitales. La infodemia es considerada también una herramienta de control y tiene tres mecanismos de apoyo para su eficacia:

1. Volumen abrumador, se genera tanto contenido por segundo, que el cerebro humano es incapaz de procesarlo.
2. Velocidad de Propagación. Gracias a los logaritmos de redes sociales, una noticia (falsa o verdadera) puede dar la vuelta al mundo antes de que el primer

medio serio y reconocido pueda contrastarla o verificarla.

3. Contaminación de la verdad. Al mezclar opiniones ideologizadas con rumores y la declaración de un reconocido científico, la verdad se vuelve "relativa".

La infodemia es una herramienta para la ingeniería social esta Metamorfosis Social por estas tres razones entre otras:

1. Genera ansiedad y miedo. Una sociedad temerosa es fácil de manipular y más propensa a aceptar cambios radicales.
2. Desgasta la autoridad. Cuando hablan muchas voces de expertos en los medios de comunicación "expertos", se pierde el tema y es difícil tomar decisiones. Esto facilita que una ideología sustituya a la ciencia.
3. Fomenta la polarización. Cuando se carece de información segura o "validada", cualquier postura se puede imponer, escuchando lo que refuerza prejuicios del receptor.

Ejemplos reales son la Pandemia COVID-19 o en procesos electorales en México, la infodemia provocó que la gente tomara decisiones basadas en videos de redes como TikTok o WhatsApp en lugar de recomendaciones oficiales, demostrando que el exceso de información puede ser tan peligroso como la falta de ella.

El Kitsch: La Estética de Mal Gusto

Por último incluyo en este espacio uno de los

conceptos de Umberto Eco que trascienden el tiempo y tienen una relación directa con los fenómenos de masas que actualmente presenciamos, me refiero al Kitsch: la estética de mal gusto.

El kitsch se presenta como una forma de mentira artística, o como dice Hermann Brosch[18], un mal en el sistema de valores del arte. Es un cebo ideal para un público perezoso que desea participar de los valores de lo "bello", y convencerse a si mismo de que los disfruta, sin verse precisado a perderse en esfuerzos innecesarios. Es un típico logro de origen pequeño burgués o bien una insoslayable exigencia de ilusiones alimentada por el hombre.

El kitsch toma procedimientos de vanguardia artística en todas sus manifestaciones, es decir, de las expresiones artísticas mas innovadoras y los adapta a un nivel accesible para las grandes masas, es decir superficializa y simplifica la manifestaciones artísticas para ampliarlas a audiencias heterogéneas de baja cultura que actualmente se cuentan en billones de personas. El Kitsch busca lo fácil, evita el riesgo y toma lo que ya comprobó la aceptación. En ocasiones pretende engañar al consumidor pasando tales productos por manifestaciones artísticas genuinas cuando en realidad se trata de versiones vulgarizadas. El kitsch cumple con una función "tranquilizadora" que desvía el interés por otro tipo de aspiraciones.

---

[18] Escritor austriaco que alcanzó reconocimiento internacional por sus novelas multidimensionales, en las que utilizó técnicas literarias innovadoras multidimensionales.

Los Hechos

El Kitsch actualmente lo encontramos contenidos recurrentes de las plataformas que administran las señales de televisión o en las redes sociales. La belleza y el arte dejaron de percibirse como un valor. La admiración por las grandes obras que algún día dejaron perplejo a sus públicos, al parecer quedarán en compás de espera hasta que alguien venga al rescate de obras de los grandes de la historia. Obras de diversas manifestaciones del arte que hasta hoy son valoradas como las de Leonardo Da Vinci, Vincent Van Gogh, Picazo, Ludwig Van Bethoven, Amadeus Mozart, Antonio Vivaldi. También en riesgo las ideas de los grandes pensadores de la historia antigua y contemporánea, imponentes obras arquitectónicas o bien esculturas como el David de Michelangelo, La Piedad (Sagal, 2023). Composiciones musicales de todos los tiempos incluyendo admirables autores del Siglo XX, interpretación de letras de canciones, talento y voces únicas recientes como; Frank Sinatra, Placido Domingo, Fernando de la Mora, José Pablo Moncayo, Consuelo Velazquez por mencionar algunos que paulatinamente se irán olvidando cada vez más.

También se afectaron nuestro lenguaje, nuestra escritura, nuestras relaciones humanas interpersonales, y ni hablar de nuestros buenos modales o la etiqueta en general, que desaparecen paulatinamente.

Ahora "el arte" se utiliza para perturbar, para inquietar, y el que más rompa las reglas es el más aplaudido y aclamado. Como lo afirma la artista Marisela de la Toba. La originalidad y creatividad para la alta cultura se redujeron a una expresión del "YO". Un YO egoísta, egocéntrico, con intereses meramente comerciales y satisfacer su vanidad.

Algunos artistas se venden al mejor postor para servir a intereses económicos, políticos o sociales. No solo la música, la escultura, la pintura, la danza, sino en el arte en general, se percibe un culto a la fealdad, a lo oscuro, a lo vulgar, a lo antiestético. El pudor y la privacidad se vuelven escasos. Artistas que promueven antivalores, y se presentan para todos los públicos vistiendo atuendos vulgares que ofenden la dignidad de quienes lo portan y quienes lo ven. La erotización de la infancia con imágenes de menores de edad, niñas en su primer etapa de la infancia se muestran "perreando"[19], exhibiéndolas en redes sociales los orgullosos padres de esas pequeñas sexualizadas. Escuchamos diariamente en lugares públicos narcocorridos, al grado que tuvo que intervenir la autoridad para establecer un control de la promoción de esa música en la vía pública y que según se argumentó fomenta la violencia. Así mismo en eventos públicos o medios de comunicación cotidianamente se escuchan letras de canciones que promueven el consumo de estupefacientes, y letras que describen a detalle actos violentos o delictivos como actos heroicos. Hoy actualmente se documenta un elevado índice de actividades ilícitas como parte de los noticiarios en cadenas de televisión, cifras que por su recurrencia insensibilizan a la población que día a día recorre el nivel de tolerancia hacia estos hechos.

Esta infodemia de noticias catastróficas va paulatinamente construyendo una sociedad de gente abrumada por lo que no puede controlar, como guerras, hambre, violencia, leyes y se rinden en la vida, dejan de luchar sumiéndose en un estado de desesperanza sin siquiera intentar "salir de la trampa". El psicólogo Martin

[19] Según el diccionario de la Real Académia Española el término "perrear" significa timar a alguien, menospreciar, en el argot popular se entiende como un estilo de baile erótico de movimientos vulgares.

Sellingman explica en su libro Helplesness como esta situación genera la percepción de indefensión y que no fructifican los esfuerzos individuales. Esos estímulos constantes de información negativa, debilitan el autoestima y refuerzan la sensación de impotencia.

Muestra de lo supracitado, es la ceremonia inaugural de los Juegos Olímpicos Francia 2024. Un evento familiar que por su naturaleza fue presenciado por 29 millones de espectadores de los países cuyos atletas de alto rendimiento participan en la justa deportiva. El encendido del pebetero olímpico que significa paz y unidad, fue opacado por un grotesco y vulgar espectáculo que a todas luces promocionó la Agenda 2030 en su capítulo de género con la comunidad LGBTQ+. El escenario fue utilizado para promover una agenda ideológica y de paso descalificar a los cristianos. Las pantallas mostraron hombres con barba portando vestidos eróticos de mujer, hombres desnudos, letras de canciones de contenidos indignos de mencionarlos en este espacio. Al compás de una música rítmica que distraía del objetivo, se montó una puesta en escena cuyo tema versó en la burla hacia la Fe Cristiana. Pasajes bíblicos representados con escarnio. Incluso el país de Marruecos se vio obligado a cortar la trasmisión de la señal de televisión en su país por el nivel de agresión de los contenidos. Omito describir los detalles por respeto a los creyentes, no solo del cristianismo sino de cualquier religión. Al recibir la crítica los organizadores, entre ellos la portavoz del Comité Organizador Anne Deschamps, quien comentó inexpresiva que no era la intención ofender a nadie. Así se demuestra que en el terreno del entretenimiento se filtran intereses de grupos políticos que se disputan el poder. Lograron disponer de un presupuesto de $30 millones de dólares para el evento en mención, y controlar la narrativa en su totalidad. Otro incidente de relevancia que evidencia esta maquinaria de ingeniería social es el medio tiempo del Super Bowl 2025, un evento trasmitido para un público masivo, 133.5 millones de espectadores en Estados Unidos de Norteamérica. Durante espectáculo se presentó el popular cantante Bad Bunny[20], quien entre otros temas y acompañado de un numeroso elenco de bailarines, cantó una mezcla (mix) de canciones cargadas de contenidos sexuales y otros temas no aptos para toda la familia.

Por último, otra evidencia del kitsch en nuestros días, ofrezco el referente de la obra de arte conceptual "Comedian" (Small, 2024) de Maurizio Cattelan que consistió en un plátano fresco plasmado en una pared con cinta adhesiva gris y vendió su "obra de arte" en la subasta Sotheby´s[21]. La "puja" se disparó al precio a 6,2 millones de dólares.

Actualmente la saturación de este tipo de contenidos en las redes sociales y en general en los medios digitales, incluyendo algunos eventos presenciales, parecieran tener como objetivo aplicar la técnica del "gas lighting", -guardadas las proporciones-. "Gas lighting" es una forma de abuso psicológico y manipulación emocional sutil pero destructiva, diseñada para hacer que una persona dude de su propia identidad, memoria, percepción, juicio o cordura. Es una herramienta de poder

---

[20] Bad Bunny es un fenómeno global gracias a su capacidad de innovar en el reggaetón y trap, fusionando ritmos caribeños con letras que conectan con la juventud. Su fama se debe a una fuerte marca personal, autenticidad en redes sociales y romper estereotipos de masculinidad y moda.

[21] Sotheby´s International Realty es una de las casas de subastas de arte y objetos de colección más antiguas, grandes y prestigiosas del mundo, fundada en Londres en 1744. Se especializa en la venta de bellas artes, joyas, bienes raíces de lujo y artículos de colección, con sede en Nueva York y presencia global.

y control donde el agresor niega hechos, distorsiona la realidad o minimiza las emociones de la víctima para que esta termine confiando más en el agresor que en sí misma.

Ciertamente resulta muy ambicioso pretender explicar en este breve espacio lo complejo de los procesos que se dan en la comunicación de masas y su impacto en las audiencias, primero porque son multidisciplinarios y cada área del conocimiento requiere desarrollarse en su campo, además de las múltiples teorías a través de las cuales deben ser analizados los procesos. Sin embargo si considero de vital importancia incluir dos que pueden ofrecer el esclarecer un poco los casos anteriormente citados.

Uno de ellos es el Modelo de Comunicación de Wilburg Schramm[22] que en síntesis, parte del supuesto de que un mensaje enviado (como un haz, o manojo de mensajes) a un público de masas, tendrá dos tipos de impacto: individual y colectivo, dejando el público de ser una masa amorfa, pues se multi segmenta de diferentes maneras. Individual según el perfil de cada receptor de acuerdo a sus características demográficas como: sexo, género, edad, contexto socioeconómico, nivel de educación, creencias y valores, etc. que determinarán la forma de recepción. Por otro lado a nivel colectivo, el mensaje influirá de forma definitiva de acuerdo a su contexto, donde las más de las ocasiones se impondrá un líder o "la decisión del grupo" sobre la propia, desdeñando la oportunidad de activar su capacidad de "recepción crítica", su libre albedrío, a cambio de ser aceptado y satisfacer su "sentido de pertenencia" a

---

[22] Doctor en Filosofía por la Universidad de Iowa (1947) y Director de la Escuela de Periodismo de dicha universidad. Ejerció gran influencia en el análisis de la comunicación emergente en foros de la UNESCO. Autor de mas de 20 libros de Comunicación de Masas.

un conjunto colectivo. Esta cómoda postura le permitirá disfrutar de beneficios, evitar enfrentamientos, discusiones o aislamiento social.

Otra de las teorías indispensables en estas líneas sobre las técnicas de persuasión aplicadas en la comunicación de masas, es la propuesta por Harold Laswell[23] es la "Aguja Hipodérmica", también conocida como la "Bala Mágica", teoría que sugiere que el receptor de la comunicación es comprendido como un ser pasivo que responde a los estímulos de manera mecánica, probablemente por comodidad o presión. El modelo hipodérmico supone que los mensajes al ser inoculados/inyectados (en la mente) producirán un efecto de persuasión directo, instantáneo, homogéneo y masivo sobre las actitudes y conductas de los receptores. Esta analogía ilustra el efecto directo y rápido que los mensajes producirán en la audiencia, generando en la opinión pública una incidencia directa, uniforme y reaccionará de maneracasi inmediata a los estímulos.

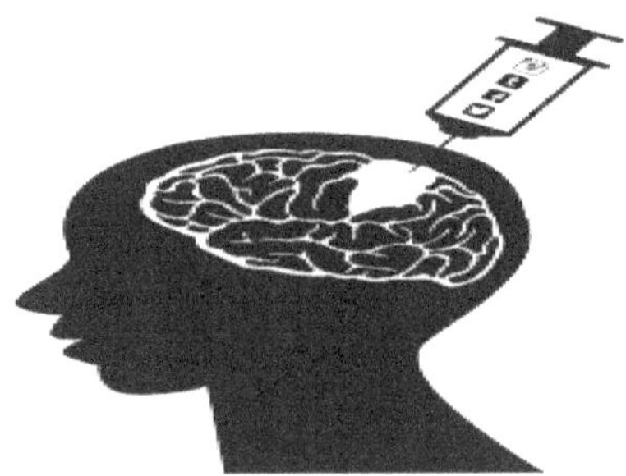

Si bien estas teorías nos ofrecen un marco de referencia

[23] Harold Laswell Referente obligado en estudios de propaganda y comunicación de masas. Durante la Segunda Guerra Mundial, fue jefe de la División Experimental para el estudio de las comunicaciones en tiempos de guerra en la Biblioteca del congreso de Estados Unidos. Publicó variose libros con temas sobre comunicación, propaganda, naciones y sociedades.

para comprender los procesos psicosociales que se suceden a partir de la comunicación de masas en este SXXI, no son infalibles, pues las variables en estos cambios vertiginosos nos obligan a una revisión constante de análisis metodológicos y aplicar las adaptaciones necesarias.

La Metamorfosis Social y el poder mediático

"Una batalla cultural tiene sentido, ahí donde todo va perdiendo su sentido".
Agustín Laje

La Triada del Poder en la Era Digital

Es ligero pensar que la batalla que se libra en la arena internacional tuviera como fin último un cambio cultural en este meticuloso diseño de ingeniería social. El tema va más allá de pelearnos por concepciones de género con banderas arcoíris, por la incorporación oficial del lenguaje incluyente, por la reconstrucción de los esquemas sociales donde la familia formada por un hombre y una mujer como cabezas, son el núcleo o la pérdida de un importante bagaje cultural intergeneracional.

La metamorfosis social del Siglo XXI es parte de una estrategia en la arena geopolítica, donde interactúan intensamente intereses políticos, económicos y sociales. Varios analistas coinciden en demostrarlo a través de hechos como las rivalidades de poder e influencias entre diversas fuerzas políticas que tienen por objetivo el control económico y social, la conquista, la defensa o la utilización de territorios para infraestructura energética, tecnología armamentista, redes de espionaje, control de las vías de comunicación, y una interminable lista de intereses.

El Mainstream de Frederick Martell y la Globalización del Deseo

Para lograr objetivos, percibimos una estructura clara que integra tres conceptos básicos que permean ligeramente en la obra de Frederick Martell en su obra "Cultura Mainstream, como nacen los fenómenos de masas". En su libro analiza como el contenido digital pretende crear y va logrando una cultura global unificada, ya que se trasmite a partir de un "Fujo principal" o "mainstream". Esta "metamorfosis" ha diluido las culturas locales en favor de una narrativa diseñada en grandescentros de poder (Silicon Valley[24], Hollywood[25], Bolywood[26], Corea del Sur). La influencia mediática hoy no busca imponer una ideología directa, sino que la reviste de un estilo de vida a través de técnicas precisas de la Neurociencia y Psicología Social. El *soft power* es el motor de esta metamorfosis: se convence a los públicos de "*que desear*" antes de pensar, esta es la función de las industrias creativas (Martell, 2011).

En este trabajo académico, para el análisis de la guerra por las audiencias nos apoyamos en diversas

---

[24] Silicon Valley es el principal centro de innovación tecnológica y desarrollo de software del mundo, situado en el sur de la Bahía de San Francisco, California. Sirve como ecosistema para startups y gigantes tecnológicos (Apple, Google, Meta), impulsando la creación de semiconductores, Inteligencia Artificial (IA) y la economía digital global desde los años 70.

[25] Hollywood es un barrio del sur de California, en Los Ángeles, que se ha convertido en sinónimo de la industria cinematográfica estadounidense. Originalmente desarrollado a finales del siglo XIX como una pequeña comunidad, Hollywood se transformó en la capital mundial del entretenimiento a principios del siglo XX.10 oct 2025

[26] Bollywood es la influyente industria cinematográfica en hindi con sede en Mumbai, India, reconocida como una de las más grandes del mundo. Se caracteriza por el género "masala", que mezcla romance, comedia, acción y números musicales, fusionando danzas tradicionales indias con estilos occidentales, hip-hop y ritmos latinos.

fuentes, entre otras damos crédito al trabajo de Agustín Laje. En sus textos deja claro como con la modernidad hay una forma distinta de articular las relaciones sociales, de establecer la estructura de dominación y de justificar el poder. En política se percibe la formación del Estado moderno, como organización dotada de una burocracia capaz de establecer dominio racional sobre grandes grupos humanos (Laje, 2022).

Estructura de poder en la era digital

1. **Hard Power**: Poder Duro. La Coacción. Ley del "garrote", la fuerza, se utilizó en el SXX. En este sistema se utiliza la milicia, sanciones económicas, cierre de medios o bloqueos comerciales, etc. En la comunicación se manifiesta como la censura directa, leyes prohibitivas. Actualmente no goza de la aprobación de los pueblos, es costosa, genera resistencia inmediata. Es visto como un método antiguo o brutal, inhumano, por lo que se buscaron métodos mas sutiles.
2. **Soft Power**: el Poder Blando: La seducción. Concepto acuñado por Joseph Nye. Es la capacidad de un país de obtener lo que quiere a través de la atracción en lugar de la coacción. Como herramientas infalibles utiliza la cultura, los valores políticos, diplomacia y sobre todo ***entretenimiento***. Como opera: Frederick Martell lo documenta de la siguiente forma: como a través de contenidos de programas para todo público, se normaliza cierto estilo de vida, se introduce ideología de género de una forma orgánica o la música pop. El efecto de esta estrategia es que el público no siente que lo están obligando; siente que está "eligiendo" lo que

el decide, lo que le parece moderno o correcto, de moda o cool.

3. **Smart Power**. Poder Inteligente: La Estrategia Digital. Consiste en la combinación estratégica de los dos puntos anteriores, pero se manifiesta a través del control de los medios de comunicación y la tecnología. En la guerra por las audiencias hoy se aplica el uso de algoritmos, de la big data e inteligencia artificial para saber exactamente que decirle a cada persona para que cambie de opinión sobre "X" tema. El papel de los medios de comunicación ya no solo informa; son la infraestructura del Smart Power. Utilizan la Infodemia para saturar, la Ventana de Overton (que analizaremos más adelante en este texto) para desplazar valores y la Cancelación Digital como un pequeño "Hard Power" (castigo social) para quienes no se rinden ante el Soft Power.

Como vemos el proceso es mas complejo de lo que parece a simple vista, la guerra actual es una guerra psicológica y simbólica. Tenemos el alma (mente y corazón) de la audiencia como territorio. En el Siglo XX se peleaba por tierras; hoy se pelea por el tiempo de pantalla y la atención del usuario. Comparto la siguiente idea como ejemplo de esta guerra que se da en la mente de los receptores. Si se logra que los niños en México consuman 6 horas diarias de contenido diseñado en California, Estados Unidos o en Corea con ciertos valores ideológicos, has conquistado ese territorio sin enviar un solo soldado. El contenido es la "munición", cada serie, cada mensaje, cada video corto son un proyectil de Soft Power. Deducimos que la "Batalla Cultural" es la expresión máxima del Smart Power: usar la cultura para que la gente gestione voluntariamente su propia transformación.

Ver la Tabla 1 un resumen comparativo.

Tipo de Poder	Método	Objetivo	Ejemplo de Comunicación
Hard Power	Fuerza/ Obligación	Sumisión	Censura de Cuentas Leyes
Soft Power	Atracción/Cultura	Admiración	Personajes LGBT en series infantiles (Disney/Netflix)
Smart Power	Inteligencia/ Redes	Control del Imaginario, Acciones/Consumo	Algoritmos de TikTok que viralizan retos/ ideologías

Podemos concluir que mientras el "Hard Power" obliga a obedecer, el "Soft Power" convence para obedecer. El "Smart Power", a través de los medios digitales, es el que decide cuando usar la seducción de una película y cuando el castigo de la cancelación social para que la "audiencia" no se salga del "guion establecido". Cabe mencionar sin entrar en detalle sobre los efectos del consumo de ideologías extranjeras que influyen directamente en la construcción de la identidad nacional de los jóvenes y niños.

La Ventana de Overton: El Mecanismo del Cambio

¿Cómo es que la sociedad acepta hoy conceptos que hace treinta años eran tabú? Esto no sucede por azar, es un plan estructurado, lo explicamos a través de la Teoría

Ventana de Overton, creada por Joseph P. Overton[27], en Estados Unidos. Overton perteneció al grupo de lobistas identificados como los Think-Tank, gabinetes estratégicos compuestos por expertos en programar y promover ideas en las políticas públicas. Este modelo describe como convergen actores de las fuerzas activas de una sociedad y se fusionan intereses políticos, económicos y sociales. En este mundo globalizado el común denominador, el campo de batalla principal son los medios de comunicación masiva. Aquí se alinean grupos para ejercer presión constante: las élites, intelectuales, la academia, entre otros. Analistas del tema coinciden en señalar que la ideología se volvió mercancía. Promotores de ideologías de izquierda al no poder ganar la batalla económica (marxismo clásico), trasladaron la lucha al campo de la cultura y la identidad, utilizando la Ventana de Overton para que la sociedad misma presione y pida los cambios que antes parecerían aberrantes.

La aplicación en 5 pasos.

El mecanismo funciona cuando paulatinamente desplazan el nivel de tolerancia de los individuos, de lo impensable a lo legal, prácticamente en cinco pasos. Se da donde algún valor moral inicialmente se considera completamente impropio a la moral pública, pueda convertirse en una realidad aceptada por la sociedad y por la ley. Este paradigma es una herramienta infalible en la ingeniería social del siglo XXI para la legitimación de aspectos controvertidos socialmente.

1. **IMPENSABLE**. De lo impensable a lo radical. El tema está prohibido y es un tabú en lo absoluto. Idea

---

[27] Joseph P. Overton fue vicepresidente del Centro Mackinac de Política Pública, el mayor grupo de expertos en el mercado libre de Estados Unidos.

inconcebible. Para modificar esta apreciación y amparándose en la libertad de expresión, se traslada la idea a la esfera científica, sugiriendo que para la ciencia no hay temas "tabú", forzando así la transición de la actitud negativa de la sociedad a una actitud mas positiva y abierta.

2. **RADICAL**. De lo radical a lo aceptable. Se persigue abiertamente la aprobación. Se empieza a hablar del tema en círculos específicos como círculos académicos, grupos de minorías o marginales. Los que se resisten deben empezar a ser vistos como fanáticos que se oponen a la ciencia y a la ilustración. Mientras se condena públicamente a los intolerantes, es necesario crear un eufemismo con la intención de que se pierda el significado directo del término original y sus connotaciones negativas, sustituyendo así la expresión original. Ej. Aborto por terminación del embarazo. Paralelamente se crea un precedente; histórico, mitológico o inventado que sirva de referente y pueda ser utilizado como ejemplo de su legitimidad.
3. **ACEPTABLE**. De lo aceptable a lo sensato. Los medios de comunicación empiezan a tratarlo de forma "neutral" o justificando excepciones. La opinión pública empieza a cambiar de postura. Es necesario arrinconar a quienes piensan diferente, es decir a cuantos todavía impugnan la consolidación de este pretendido derecho.
4. **SENSATO.** De lo sensato a lo popular. Se presenta como una solución lógica a un problema social (ejemplo: la "salud pública", la "igualdad"). El tema ya está posicionado y empieza a promoverse en medios de comunicación masiva con la premisa de ser algo positivo. A la vez se enlaza la idea a

personajes historicos que hayan estado relacionados con estas prácticas. El fenómeno es cada vez mas multitudinario y continúa reforzando su imagen positiva.

5. **POPULAR/LEGAL**. De lo popular a lo político (lo legal). El tema se convierte en ley y quien se opone es visto como un radical, antisocial o anticuado. Finalmente la Ventana de Overton cerrada al principio se ha abierto de par en par . En esta última etapa comienza a prepararse la maquinaria legislativa que legalizará el fenómeno. Los partidarios de lo inicialmente impensable se consolidan en la política y comienzan a buscar representación y poder.

En la era digital -como mencionamos anteriormente- este proceso que antes tardaba décadas, hoy ocurre en meses debido a la viralidad.

Los Hechos

Ahora presentamos algunos casos en los que se aplica la teoría en mención. Esta herramienta de ingeniería social logró posicionar ideas que de inicio se calificaron de impensable e inmoral en todos sus aspectos, hasta llegar a establecerse en la consciencia colectiva como un derecho mediante la teoría de la Ventana de Overton que cambia la percepción pública sobre cualquier idea por disparatada que parezca.

Los hechos: Casos de transformación de Ingeniería Social.

I. Tema: El Aborto: "Del Delito al Derecho".

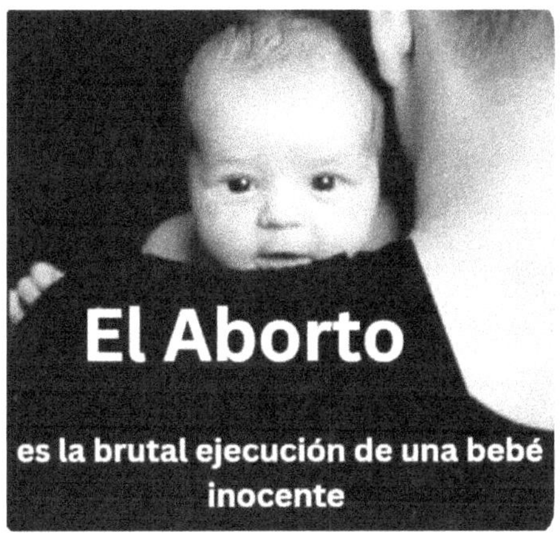

El aborto pasó de ser considerado un delito de acuerdo con marcos legales, morales y religiosos a convertirse en un derecho producto de acciones de grupos de presión y activistas. La iniciativa de ley fue respaldada por la Suprema Corte de Justicia de la Nación en México y actualmente en análisis en reformas estatales. Ciertamente los razonamientos que sostenían una u otra postura pueden ser válidos. Estas posturas fueron impulsadas por movimientos feministas de talla internacional en la lucha por los derechos reproductivos mencionados en la Agenda 2030 ONU DS (ONU Agenda 2030 para el Desarrollo Sostenible, 2016).

Se incorpora la escena de éste tema Planned Parenthood en Estados Unidos, es una organización sin fines de lucro que ofrece servicios de salud reproductiva, educación sexual y planificación familiar en todo el país. Los inicios de esta organización refieren a una iniciativa de la Dra. Margaret Sanger que apertura la primer clínica de control natal en 1916 en la ciudad de Nueva York, EE. UU., hecho que trae como consecuencia su detención y encarcelamiento, la del personal que trabajaba en la clínica así como el decomiso del equipamiento e insumos, bajo el argumento de distribuir materiales obscenos.

En 1942 que se establece oficialmente Planned Parenthood como sucesora de la American Birth Control League fundada por Margaret Sanger en 1921. Luego de interminables batallas legales, finalmente a principios de la década de los 70´s, se legaliza el aborto en Estados Unidos y Planned Parenthood ofrece abiertamente el servicio médico de
"terminación del embarazo". Actualmente cuenta con 600 clínicas en Estados Unidos.

Planned Parenthood ha sido blanco de ataques sistemáticos de críticas, controversias y protestas por parte de grupos conservadores. Su polémica existencia refiere a la práctica de abortos como medio sistemático de control natal, en un tiempo donde hay una variedad importante de otros métodos para vivir una vida sexual sana y con la certeza de evitar un embarazo no planeado. En su informe de actividades 2023, da a conocer que durante ese año se practicaron cerca de 392,715 abortos en los Estados Unidos.

Los periodistas David Daleiden, activista y Sandra Merrit fueron notificados del retiro de cargos por parte de las autoridades del estado de California en Estados Unidos, en su lucha contra la empresa Planned Parenthood, ya que presentaron evidencia gráfica (fotografías y videos) por la venta de partes de cuerpos de infantes no natos, según el National Right to Life.

La siguiente tabla basada en la Ventana de Overton, muestra la secuencia de hechos. Colaboración de Andrea Valdez Asencio y Litzi Azmar.

Etapa	Descripción del evento	Tiempo	Actores	Evidencia /Evento
Impensable	El aborto tipificado como delito contra la vida	1931 México	Estado Mexicano / Iglesia Católica	Código Penal Federal 1931: https://www.diputados.gob.mx/LeyesBiblio/pdf/CPF.pdf
Impensable	Influencia moral religiosa en legislación	1940-1960 / México	Iglesia Católica Legisladores	Historia Constitucional Mexicana - DOF
Radical	Segunda ola feminista	1960-1970 / Estados	Movimientos Feministas	https://www.britanica.com/topic/feminism

	cuestiona la prohibición	Unidos y Europa		Movimientos feministas
Radical	Caso Roe V. Wade legítima el debate legal	1973 / EE. UU.	Suprema Corte de EE.UU.	https://www.britanica.com/evento/Roe-v-Wade
Radical	El feto es despojado de su estatus de persona en el lenguaje mediático. Es nombrado como "producto" o "tejido".			
Aceptable	Reforma del Artículo 4to. Constitucional (derecho a decidir sobre reproducción)	1974 / México	Congreso de la Unión	
Aceptable	Se introdujeron las causales externas. Autonomía del cuerpo: (violación, peligro de vida de la madre)			
Aceptable	Gira en Estados Unidos de Planned Parenthood			
Sensato	Debate por abortos clandestinos como problema de salud pública	1990 / México	ONG´s sector Médico	https://gire.org.mx
Sensato	Legalización del aborto hasta las 12 semanas CDMX	2007 / Ciudad de México	Asamblea Legislativa	Gaceta Oficial de la Cd. De México
Político	SCJN avala la legislación en CDMX	2008 / México	Suprema Corte de Justicia de la Nación	https://www.scjn.gob.mx/sites/default/files/proyectos_resolusión_documento/201611/Accion_146_2007.pdf
Político	SCJN declara inconstitucional criminalizar el aborto	2021/ México	Suprema Corte de Justicia de la Nación	https://www.scjn.gob.mx/sites/default/files/comunicacion_social/documento/2021-09/comunicado_281.pd
Popular	Movimientos Marea Verde amplía respaldo social	2018/ 2021 México	Movimientos feministas, participación de Sociedad Civil	https;//es.wikipedia.org/wiki/Marea_verde_(aborto)

El caso del aborto en México deja en evidencia cómo funciona la Ventana de Overton. En la tabla se registran el desarrollo histórico del tema. A inicios del SXX el aborto era condenado por la opinión pública, la iglesia y el estado, considerado un homicidio por el Código Penal. No había debate, simplemente la sociedad asumía que era delito.

El tema se lleva a discusión pública dados los movimientos feministas en las décadas de 1960 y 1970. Se incluyen los términos de derechos reproductivos y autonomía corporal, se recorre la ventana de lo impensable a lo radical.

El tema cobra un nuevo enfoque con campañas en los medios de comunicación como "La Familia Pequeña Vive Mejor". Con reformas como la del Artículo 4to. Constitucional en 1974, se reconoce el derecho a decidir el número de hijos y el espaciamiento entre ellos. En el 2007 se sustituye la palabra "*aborto*" por la idea "*interrupción del embarazo*" en la Ciudad de México presentándolo como bien de salud pública. Con este hecho, la ventana se mueve hacia lo sensato. El debate gira en torno a la salud, los argumentos médicos se basan en las muertes de mujeres registradas por abortos clandestinos. Se habla de proteger la vida de las mujeres. dejando el tema moral completamente fuera.

El tema avanza y se traslada a la etapa de lo popular al participar la ciudadanía en las calles con las marchas como "Marea Verde". Al avance legislativo se suma el respaldo social.

El giro de 180 grados no solo se reflejó en el aspecto legal, sino también en el simbólico. El estado paso de castigar a proteger y apoyar, lo que se refleja en un cambio profundo en las políticas públicas, sobre todo en la forma en que se dedicaron presupuestos a los derechos reproductivos.

La transformación progresiva del tema se logró, aunque aún en el año 2025, fuerzas vivas de la sociedad, movimientos como "Pro-Vida" siguen discutiendo el polémico tema, que mutó a otras formas de convencimiento, para disminuir el número de abortos y se pronuncien en favor de la vida.

II. La transformación de la participación de la Mujer en la política y espacios de decisión.

"Nosotras queremos contestar a los que preguntan
¿por qué se le concedió el voto a la mujer?
Porque era una necesidad social, un derecho
político y una exigencia de justicia.
El voto femenino no es una dádiva,
sino el otorgamiento de un derecho que había sido
desconocido por mucho tiempo".

Marcelina Galindo Arce
Política, periodista y docente

La participación de la mujer en la política y en espacios de decisión y poder, es el resultado de la lucha de generaciones que nos antecedieron, tanto en otros países como en el nuestro. Una sucesión de eventos que fueron derribando tabúes y obstáculos persistentes que en el pasado se veían infranqueables. Iniciando por el reconocimiento de las mujeres como ciudadanas, como seres inteligentes que podrían aportar desde diversos escaños a las sociedades en que vivieron. Mujeres activistas que encabezaron importantes movimientos sociales, que enfrentaron desafíos, decidieron correr riesgos, cambiar la historia y levantaron la voz. Exigieron respeto a la dignidad y acceso a mejores oportunidades aunque a muchas les costó la vida misma. En el Siglo XXI se percibe como una situación normal, sin embargo en un mundo diseñado por y para los hombres, el fruto de ese esfuerzo hoy se reconoce como una tarea colosal.

La historia registra el papel de la mujer excluida sistemáticamente de la vida pública y relegada a las tareas domésticas, la crianza de los hijos y la atención al esposo. Las estructuras jurídicas, religiosas, económicas y sociales estaban diseñadas para los hombres, ya que la presencia de la mujer no figuraba en la vida pública y la idea de lo contrario no se hacía presente en la mentalidad colectiva, no se cuestionaba, solo se asumía el hecho.

El siglo XIX registra el inicio de transformaciones progresivas que a la postre han dado fruto con la participación de las mujeres en la política, para ello es necesario reconocer un evento que cambió el rumbo, mencionamos la Declaración de los Derechos Humanos en 1948 que se convierte en un parteaguas de la historia de la humanidad.

Acceso a la Educación como base de la participación.

El acceso a la educación por siglos se consideró un privilegio para los varones. Fue hasta el SXIX que se da acceso a la educación formal a niñas que ingresaron a estudios de nivel primaria. Posteriormente – luego de innumerables eventos en pro de esta causa- en el siglo XX, movimientos feministas impulsaron cambios en leyes educativas y promovieron la inclusión femenina.

Algunos hitos relevantes en el acceso a la educación de las mujeres.

1865. Se establece el primer colegio universitario para mujeres en Estados Unidos de Norteamérica

1890. La universidades universitarias comienzan a admitir mujeres oficialmente.

1945. La UNESCO promueve la igualdad educativa tras la Segunda Guerra Mundial.

Otro de los cambios sociales que juegan un papel crucial en la transformación del rol de la mujer en la sociedad, es la participación laboral, se incorpora a la fuerza de trabajo cambiando estereotipos de las actividades antes exclusivas para el hombre.

Sin duda la evolución resultado del acceso a la educación, despertó su consciencia, amplió sus expectativas.

A pesar del resultado de décadas de lucha social y activismo feminista, era necesario continuar esfuerzos para accesar a posiciones de poder. En 1848 un numeroso grupo de mujeres se reunieron en la Convención de Seneca Falls, Nueva York, para discutir problemas como la igualdad de género y el derecho al voto. Era indispensable ocupar espacios en la toma de decisiones, esto implicó la organización para definir estrategias y lograr el derecho al voto de las mujeres, conocido como sufragio femenino que garantiza la igualdad política ante la ley. La idea de que las mujeres pudieran votar era vista no solo como absurda sino incluso peligrosa. En Estados Unidos como en el Reino Unido las primeras sufragistas fueron ridiculizadas, humilladas, encarceladas y reprimidas por exigir derechos básicos. Figuras como Emeline Pankhurst fundó la Unión Social y Política de las Mujeres (WSPU) en 1903 una de las primeras organizaciones formales del movimiento (Conceptos de la Historia, 2023). Una serie de actividades de este movimiento es vista con seriedad en parlamentos, universidades y medios de comunicación. Nueva Zelanda se convirtió en el primer país en otorgar el derecho al voto femenino. Durante las siguientes décadas otros países siguieron el mismo camino, consolidando uno de los logros icónicos del movimiento.

Un importante legado es la creación de una de las fechas más significativas de esta lucha, el *Día Internacional de la Mujer* que se conmemora cada 8 de marzo para rinde homenaje por la lucha de fuertes movimientos de reivindicación política y laboral, huelgas, marchas y persecuciones (National Geographic, 2025).

Las guerras mundiales marcaron un papel decisivo en la transformación del papel de la mujer en la sociedad. Durante estos dos importantes eventos, millones de hombres fueron enviados al frente de batalla, lo que obligó a las mujeres a incorporarse masivamente al mercado laboral. Trabajaron en fábricas, hospitales, oficinas, en campos agrícolas, demostrando que eran capaces de desempeñar funciones reservadas a los hombres. Se descalifica por completo la idea de la supuesta inferioridad femenina.

Durante la segunda mitad del siglo XX, cobra

nuevamente fuerza el movimiento feminista. La publicación de la obra El Segundo sexo de Simone de Beauvoir aviva el debate e impulsa la reflexión sobre el género como constructo social. La reflexión traslada la discusión del ámbito jurídico a la vida cotidiana en los ámbitos: laboral, educativo y cultural. La lucha dejó de centrarse en el sufragio femenino y abre el debate a temas como la igualdad salarial, la autonomía reproductiva y la erradicación de la violencia de género.

El apoyo y participación de organismos internacionales fue decisiva en la consecución de los objetivos citados. La Organización de las Naciones Unidas promovió convenciones y acuerdos internacionales orientados a garantizar los derechos de las mujeres. En el SXXI las redes sociales han permitido una mayor visibilidad de las demandas de movimientos feministas.

Gradualmente las reformas en políticas públicas reflejaron el fruto de las peticiones. Entre otras el derecho al voto que en México se reconoce en 1953 (Comisión Nacional de Derechos Humanos México, 2023), la igualdad formal ante la ley, acceso universal a la educación, legislación contra la violencia de género, cuotas de participación política y medidas para reducir la brecha salarial.

A 70 años de otorgar del triunfo de las primeras voces sufragistas femeninas, los logros han ido en aumento. En México hoy 13 mujeres ocupan el cargo de gobernadoras de estado, lo que representa el 40 % del total de los espacios, y por primera vez en la historia del país una mujer ocupa el cargo de presidenta de la República Mexicana la Dra. Claudia Sheinbaum Pardo, un avance significativo.

Actualmente según datos de la Revista El Economista 4 de cada 10 puestos de alta dirección en México son ocupados por mujeres y afirma que al ritmo que se ha incrementado su incorporación la paridad de género se alcanzará en el 2051 (Rodríguez, 2025).

Tamizando esta información con la teoría de la Ventana de Overton, vemos que lo que parecía una amenaza al orden social, terminó convirtiéndose en un principio básico de las democracias contemporáneas.

Aunque hoy se registra un avance legal significativo, aún millones de mujeres no reciben los beneficios de estos cambios y los entienden como políticas meramente administrativas, ausentes de la práctica en la vida cotidiana. Esto representa un gran desafío, habrá que persistir en derribar las resistencias culturales y políticas que impiden llevar esos beneficios a un número importante de niñas y mujeres.

En la actualidad, el Instituto Mexicano del Seguro Social impulsa estrategias de planificación familiar entre otras, el programa JuvenIMSS busca concientizar a los jóvenes y adolescentes sobre la importancia de tomar de decisiones libres e informadas sobre su salud sexual. El objetivo principal es prevenir embarazos no planificados e infecciones de transmisión sexual.

En la tabla que a continuación se presenta y tamizados por la teoría de la Ventana de Overton, se enlistan eventos de la transformación del roll de la mujer en la sociedad. Colaboración de Deyanira Hernández, Estefanía López, Valeria Guerrero Fernández, María Tamayo, Daniel Gómez Arenas y Mariana Medrano.

Etapa	Descripción del evento	Tiempo	Actores	Evidencia /Evento
De lo Impensable a lo Radical	Exclusión de las mujeres de las políticas públicas	Siglo XIX	Sociedades Patriarcales, Estado, iglesia, sociedad	Offen, K. (2000). European feminisms, 1700.1950. Stanford University Press.
De lo Impensable a lo Radical	En Seneca Falls. Primera Convención organizada para dialogar sobre derechos legales y políticos de las mujeres, celebrada en Estados Unidos de Norteamérica	1848	Elizabeth Cady Stanton y Lucretia Mott	Stanton, E.C. (1848). Declaration of Sentiments
De lo Impensable a lo radical	Se forma la Fundación de la Women´s Social and Political Union en el Reino Unido	1903	Emmeline Pankhurst	Pugh, M. (2000). The Pankhurst. Penguin Books
De lo Radical a lo aceptable	Primera marcha por los derechos de las mujeres. Participan miles de mujeres en New York, exigiendo mejores condiciones laborales y el derecho al voto,	1908	Movimientos feministas	ONU. Historia del Día Internacional de la Mujer
De lo Radical a lo aceptable	Se aprueba la enmienda que reconoce el	1920	Susan B. Anthony	U.S. National Archives (2022) 19th Amendment

	derecho del voto femenino en Estados Unidos de Norteamérica			
De lo aceptable a lo sensato	Se reconoce la igualdad entre hombres y mujeres como principio internacional	1945	ONU	ONU (1045)
De lo aceptable a lo sensato	Voto Femenino en México. Reforma Constitucional que permitió a las mujeres votar y ser elegidas para cargos públicos.	1953	Congreso de la Unión, Presidente Adolfo Ruiz Cortines	Gobierno de México, Diario Oficial de la Federación (1953)
De lo Sensato a lo Popular	La ONU organiza Conferencia Mundial con sede en México para dialogar sobre la desigualdad de género	1975	ONU	United Nations (1975) World Conference of the International Women´s Year.
De lo Sensato a lo Popular	Conferencia Mundial en Beijing. Se establece una agenda global para promover la igualdad de género	1995	ONU Mujeres	ONU Mujeres (1995)., Declaración y Plataforma de la Acción de Acción de Beijing.
Sensato a popular	Expansión de Planned Parenthood como proveedor de servicios de aborto en EEUU	1970's	Planned Parenthood, Inc	Planned Parenthood - Wikipedia
De lo Popular a lo Político	Agenda 2030. La igualdad de género se integra a los objetivos de Desarrollo Sostenible	2015	ONU	United Nations (2015) Agenda 2030
De lo Popular a lo Político	Surge el Movimiento #MeToo Denuncias públicas en los medios masivos de comunicación (redes sociales) a gran escala de acoso y violencia sexual contra las mujeres,	2017	Tarana Burke	Burke, T. (2018) Movimiento Me Too
De lo Popular a lo Político	Movilizaciones del (M. Marchas masivas simultaneas en distintos paises para exigir la igualdad y poner fin a la violencia de género.	2020-fecha	Colectivos Feministas Internacionales	United Nations (2020) Informes del Dia Internacional de la Mujer.

En la conclusión de este tema: me permito citar una frase de uno de los activistas del SXX promotor de la paz:

"La mujer es el motor principal que mueve al mundo. Sin ellas nada sería posible".
Mahatma Ghandi

III. Posicionamiento de la Ideología de Género

El posicionamiento en el discurso público de la "ideología de género" es quizás el ejemplo más dinámico en la Ventana de Overton en la última década.

La evolución de lo que académicamente se denomina **perspectiva de género** y lo que sectores críticos llaman "ideología de género" es un proceso complejo que abarca transformaciones legales, sociales y científicas. Episodios de protesta, marchas, revueltas sociales, controversias y argumentos a favor y en contra, utilizan mecanismos discursivos y políticos en este proceso, se disputan la última palabra en un debate que hasta la fecha, ha logrado reformar leyes, reglamentos, acuerdos sociales, modificar el lenguaje que incluye nuevos términos para redefinir una realidad biológica y ajustarla a una construcción sociocultural.

Utilizando como marco teórico la Ventana de Overton, se examina el caso para comprender las fases de aceptación y el avance conceptual del tema. Por ser una controversia moral, documentamos como las ideas en el imaginario colectivo van modificándose en 5 pasos; de ser rechazadas o impensables al inicio a ser aceptadas y totalmente legal su situación jurídica.

Todo cambio implica remover lo ya existente y posicionado, en este caso ideas tradicionales son sustituidas por una postura liberal. Considero necesario incluir este tema por los problemas sociales que ha despertado, llevarlos a mesas de discusión es acercarnos al entendimiento y a la búsqueda de soluciones.

Los eventos elegidos para documentar la transición de este movimiento global son solo representativos de un giro en la historia de esta problemática, en la consciencia de que al registrar solo un evento muchos otros que quedarán fuera.

A continuación presento una cronología de hitos fundamentales que explican cómo este concepto se ha consolidado en la esfera pública global desde el siglo XX.

Tabla de eventos.

Etapa en la Ventana de Overton	Descripción de los hechos	Tiempo	Actores	Evidencia / Fuente
Impensable a radical	Antecedente: En el siglo XIX, México adoptó el Código Penal español, que incluía la criminalización de la sodomía y la homosexualidad. Esta ley fue utilizada para perseguir y encarcelar a	Inicios SXX	Autoridades de España	https://www.academia.edu/40124049/Una_aproximaci%C3%B3n_hist%C3%B3rico_social_a_la_evoluci%C3%B3n_de_los_derechos_de_la_comunidad_LGBTI_

	personas LGBT en el país durante muchos años (Parra, 2019).			en_M%C3%A9xico
Impensable a radical	Se registra una redada policial en una fiesta privada. Primer evento que la homosexualidad se vuelve tema de discusión pública masiva en la prensa mexicana.	1901	Autoridades policiacas CDMX,	https://lahistoria.info/historia-de-la-comunidad-lgbt-en-mexico/
Impensable a lo radical	En Francia Simon de Beauvoir publica su libro "El Segundo Sexo", donde afirma que no se nace mujer, se llega a serlo. Este hecho sienta las bases de la distinción entre la biología y la cultura (Britanica Encyclopedia, 2026).	1949	Simon de Beauvoir, Escritora Activista	https://www.britannica.com/biography/Simone-de-Beauvoir
Impensable a lo radical	El Psicólogo John Money, acuña el término "rol de género" para distinguir la identidad psíquica del sexo biológico en estudios sobre intersexualidad. Documenta la "neutralidad del sexo" (Slimkust, 2023).	1955	El Psicólogo Nacido en Nueva Zelanda John William Money, Profesor de la John Hopkins University	https://www.simplypsychology.org/david-reimer.html
Radical a lo sensato	Desarrollo del Concepto: "Identidad de género". Robert Stoller diferencia la identidad del género biológico en sus estudios psiquiátricos. Utiliza el concepto en el *Congreso Psicoanalítico Internacional* para describir la vivencia interna de ser hombre o mujer. (LA Timer Archives, 1991)	1968	Dr. Roberto Stoller, Profesor de Psiquiatría de la Universidad de California en Los Ángeles EE.UU.	https://www.latimes.com/archives/la-xpm-1991-09-12-mn-2786-story.html

Radical a lo sensato	Shaulamith Firestone propone que la liberación de la mujer requiere la eliminación de las clases sexuales y la estructura de la familia biológica	1970	Shaulamith Firestone, escritora, feminista canadiense.	https://es.wikipedia.org/wiki/Shulamith_Firestone
Impensable a lo radical	La homosexualidad era considerada una patología por la Organización Mundial de la Salud (OMS Region las Américas, 2015)	1990	Organización Mundial de la Salud	https://www.paho.org/es/noticias/15-5-2015-avances-desafios-situacion-personas-lgbt-15-anos-que-homosexualidad-dejo-ser
De lo Sensato a lo Popular	Disturbios en Stonewall EE.UU. turbios de Stonewall, una serie de enfrentamientos entre la policía y manifestantes LGBTQ+ que se extendieron durante 6 días. Esto cambio la narrativa e inicia una cobertura de medios sin precedente (Library of the Congress, s.f.).	28 junio de 1969	Rebelión civil	https://guides.loc.gov/lgbtq-studies/stonewall-era
De lo sensato a lo popular	Primera Marcha del orgullo Gay llamada "Marcha del Día de la Liberación de Christopher Street" en New York EE.UU.	1970	Comunidades de personas LGBT	https://www.nyclgbtsites.org/site/starting-point-of-nycs-first-pride-march/
De lo sensato a lo popular	Marcha del Orgullo Homosexual en la CDMX (Secretaría de Cultura de México, 2021)	1979	Movimiento de Lesbianas Feministas de México	https://www.youtube.com/watch?v=KFVNToBmQC8
De lo popular a lo político	Aprobación del matrimonio igualitario. La Asamblea Legislativa aprueba el matrimonio y	2009	La Asamblea Legislativa CDMX	https://www.gaceta.unam.mx/matrimonio-igualitario-

De lo popular a lo político	La nueva escuela mexicana. Se distribuyen libros de texto de la SEP que incluyen conceptos (en calidad de obligatorios) como "familias diversas", anatomía reproductiva con lenguaje de género y la validación de la identidad trans.	Ciclo escolar 2023-2024	SEP, escuelas en México	
De lo popular a lo político	La Suprema Corte de Justicia de la Nación (SCJN) ordenó al Congreso del Estado de Sonora crear un procedimiento administrativo, rápido y accesible que permita a niñas, niños y adolescentes obtener un acta de nacimiento que reconozca su identidad de género auto percibida (Buho Penal, 2025).	2025	SPCN Congreso del Estado de Sonora	https://www.facebook.com/buhopenalmx/posts/%EF%B8%8F-ahora-los-ni%C3%B1os-y-ni%C3%B1as-podr%C3%A1n-elegir-el-g%C3%A9nero-que-quieran-sin-que-sus-padres/1444295684362368/
De lo popular a lo político	Los ECOSIG, o Esfuerzos para Corregir la Orientación Sexual y la Identidad de Género, que tiene la intención de cambiar la orientación sexual, la identidad o expresión de género de las personas homosexuales, bisexuales y trans a lo que se ha establecido como lo normativo "una heterosexualidad binaria cisgénero".	2025	Senado y Cámara de Diputados	https://www.trabajosocial.unam.mx/copred/doc/4infografia_4_ecosig_1.pdf

Las nuevas generaciones serán las que vivan el efecto de estos cambios sociales y legislativos. En el contexto mexicano, la metamorfosis social se completa cuando el sistema educativo se alinea con el "mainstream digital" (Martell). El niño y adolescente mexicano vive en una constante e intensa presión: por un lado los algoritmos de las redes sociales que le ofrecen una postura de fluidez de género como una moda aspiracional, por el otro, los valores familiares y/o de su entorno social y los conceptos académicos de los libros de texto institucionales que le da el marco de "científico" y legal.

El análisis de estos tres temas tamizados con la teoría de la Ventana de Overton nos permite demostrar que los cambios sociales por impensables que parezcan son sujetos a ser desplazados por posturas opuestas, luego de un impecable trabajo de ingeniería social, que manipula a las masas en favor de intereses ajenos o propios.

La Batalla Cultural y la Nueva Resistencia

Sin duda hoy en día vivimos un debate entre lo tradicional y lo que nos presentan como un Nuevo Orden Mundial. Un proyecto globalizado que propone una serie de cambios que sin duda algunos son propositivos como poner fin a la pobreza y vivir en un mundo de paz, pero otros de índole moral, si deben ser cuestionados pues proponen modelos que no solo ponen en duda creencias, valores y principios, sino a la misma ciencia y naturaleza de la vida humana.

La inquietud por abordar estos temas se manifiesta en los más diversos ambientes; académicos, investigadores, activistas y filósofos contemporáneos que estamos dispuestos a seguir estudiando y trabajando para construir un mundo mejor. Es el caso de Agustín Laje en su obra "La Batalla Cultural, Reflexiones críticas sobre una nueva derecha". Laje sostiene que el escenario de poder actual es la cultura. En su tesis sobre la "Batalla Cultual", argumenta que los medios digitales son los nuevos frentes de guerra donde se disputan los valores fundamentales de nuestra civilización (familia, libertad, identidad). Los cambios sociales son para el autor de la obra en mención, una ingeniería social planificada a gran escala, que paulatinamente avanza.

De lo individual a lo colectivo

El complejo tema que aquí intentamos bosquejar se debe abordar desde varias disciplinas como la Sociología, Filosofía, Antropología, pero también sin duda desde la Psicología de la Comunicación y la Neurociencia que hoy cuentan con herramientas sin precedente en la historia y permiten mapear la actividad biológica ante estímulos auditivos y visuales como la Resonancia Magnética Funcional (fMRI), Electroencefalograía (EEG), seguimiento ocular, respuesta galvánica de la piel (GSR) entre otros, y cuyos resultados en la comunicación de masas estratégica, significa un triunfo, a tiro de puntería.

La relación entre la neurociencia y los medios de comunicación revela cómo los procesos cerebrales influyen en la forma en que percibimos, interpretamos y respondemos a los mensajes mediáticos. Comprender cómo el cerebro procesa la atención, las emociones y la memoria permite a los medios diseñar contenidos más efectivos y persuasivos, pero también plantea desafíos éticos sobre la manipulación y el consumo crítico de la información. En definitiva, integrar los conocimientos de la neurociencia en el estudio de los medios de comunicación ofrece una oportunidad para promover una comunicación más consciente, empática, ética y responsable, que respete la mente humana en lugar de explotarla.

Conclusión

La conducta humana es moldeable, predecible, manipulablc y programable. La sociedad especialmente los jóvenes del SXXI -sin generalizar pues hay honrosas excepciones-, es vulnerable por la fragilidad de los referentes en su formación, ya que nacieron con acceso a una realidad virtual que los ha acompañado durante toda su vida.

La Imparable Metamorfosis Social es el resultado de un bombardeo semiótico intermitente. Pasamos de la televisión que "nos decía que ver", a algoritmos que describen con inigualable precisión y manipulan a los receptores, moldeando paulatina e imperceptiblemente su forma de ser, de pensar, de actuar. Entre la hegemonía Mainstream de Martell y la resistencia ideológica de Laje, el individuo moderno se encuentra entre dos encrucijadas: ser un "apocalíptico" o "integrado" como lo advirtió Umberto Eco o bien, ser un simple peón en el tablero y jugar en la Ventana de Overton, usted elija.

CAPÍTULO 3

Agenda 2030 y metamorfosis social: perspectivas críticas desde un contexto fronterizo

Por: Jorge Iturriaga

Capítulo Entrevistas.

La Agenda 2030 para el Desarrollo Sostenible de la Organización de las Naciones Unidas se ha consolidado como uno de los marcos globales más influyentes en la formulación de políticas públicas, discursos institucionales y estrategias de desarrollo en el siglo XXI. Sin embargo, su implementación y recepción no han sido homogéneas ni exentas de controversia, especialmente en contextos socialmente complejos como las regiones fronterizas. Ciudad Juárez, por su carácter binacional, su historia de desigualdad estructural, movilidad humana, violencia, resiliencia social y pluralidad cultural, constituye un escenario privilegiado para analizar las tensiones, contradicciones y resignificaciones de dicha agenda en medio de una profunda metamorfosis social contemporánea.

Este capítulo se propone analizar la Agenda 2030 desde una perspectiva crítica e interdisciplinaria, entendiendo que los procesos de transformación social actuales no pueden explicarse desde un solo campo del conocimiento ni desde una narrativa exclusivamente técnica o institucional. Por el contrario, resulta indispensable situar el debate desde las voces de actores sociales y académicos que, desde su experiencia profesional, ética y humana, interpretan los alcances, límites y contradicciones de este proyecto global. En este sentido, el capítulo articula reflexiones provenientes de la psicología, la sociología, la filosofía, la pedagogía y la visión espiritual-religiosa, con el fin de ofrecer un análisis plural que dialogue tanto con la evidencia científica como con los dilemas culturales, antropológicos y morales que atraviesan la Agenda 2030.

Justificación metodológica: la entrevista como herramienta para el análisis de agendas globales

La entrevista como metodología académica constituye una herramienta fundamental para el análisis profundo de fenómenos complejos, multidimensionales y socialmente situados, como lo es la Agenda 2030 para el Desarrollo Sostenible de la Organización de las Naciones Unidas, cuya implementación e interpretación requieren aproximaciones cualitativas que permitan captar discursos expertos, marcos conceptuales y experiencias contextualizadas. A través de charlas estructuradas y semiestructuradas con especialistas en áreas clave, como desarrollo sostenible, políticas públicas, educación, ciencias sociales, filosofía y ética, la entrevista posibilita la generación de conocimiento situado, reflexivo y crítico, que trasciende los datos cuantitativos y aporta perspectivas interpretativas esenciales para comprender los avances, tensiones y desafíos de los Objetivos de Desarrollo Sostenible (ODS).

De acuerdo con Kvale y Brinkmann (2009), la entrevista cualitativa es particularmente adecuada cuando el objetivo de la investigación es explorar significados, percepciones y construcciones discursivas desde la voz de los actores clave, permitiendo acceder a conocimientos expertos que no son directamente observables. Flick (2015) sostiene que las entrevistas con informantes especializados fortalecen la validez interpretativa de los estudios sociales al integrar saberes profesionales y experiencias acumuladas que enriquecen el análisis de políticas globales. Asimismo, Creswell y Poth (2018) destacan que esta metodología resulta idónea para investigaciones interdisciplinarias, ya que facilita la triangulación de perspectivas y una comprensión holística de problemáticas complejas como el desarrollo sostenible.

Referencia entrevistados.

Con el propósito de profundizar en el análisis de la Agenda 2030 de la Organización de las Naciones Unidas dentro del marco del debate contemporáneo sobre la metamorfosis social del siglo XXI, y situar dicha agenda en el contexto fronterizo de Ciudad Juárez, resulta indispensable abordarla desde la perspectiva de actores directamente implicados en el devenir social. Este enfoque parte del reconocimiento de que los procesos de transformación social actuales no pueden ser comprendidos de manera unidimensional, sino que requieren ser interpretados desde múltiples campos del conocimiento y experiencias vitales. En este sentido, se consideró fundamental incorporar las miradas del psicólogo, el sociólogo, el académico, el filósofo y la visión espiritual-religiosa, con el objetivo de construir un análisis plural, crítico y contextualizado.

Bajo esta premisa, se decidió entrevistar a cinco personalidades con trayectorias académicas y profesionales consolidadas, quienes accedieron a compartir sus perspectivas a través de comentarios libres sustentados en su experiencia teórica, práctica y reflexiva. Las entrevistas permiten dar cuenta de cómo la Agenda

2030 es percibida, cuestionada, resignificada o problematizada desde distintos ámbitos del saber y desde realidades sociales específicas, particularmente aquellas marcadas por la desigualdad, la complejidad cultural y los contrastes propios de una región fronteriza.

Para ello, se planteó una acción metodológica de carácter cualitativo basada en la entrevista abierta, entendida como una conversación reflexiva orientada por ejes temáticos generales, pero sin restringir el discurso de los participantes. Fueron entrevistados el doctor en Psicología Oscar Esparza, el sociólogo Benjamín Peña, el doctor en Filosofía Ricardo Yáñez, el pedagogo Sergio Armendáriz y el sacerdote Eduardo Hayen. Sus aportaciones abarcan un amplio espectro analítico que va desde la crítica a la imposición ideológica hasta la defensa de la evidencia científica; desde posturas abiertamente opuestas hasta puntos de convergencia; desde la percepción de la Agenda como un documento obsoleto frente a una sociedad cambiante, hasta su adopción acrítica por imposición institucional.

Asimismo, las entrevistas abordan la tensión entre la fortaleza discursiva de la Agenda 2030 y su limitada operatividad en las políticas públicas; los contrapesos gubernamentales y sociales que emergen frente a sus postulados; las dificultades de implementación derivadas de factores culturales, de desigualdad estructural y de creencias; así como el impacto que fenómenos recientes —como la pandemia, el avance de la inteligencia artificial y los conflictos bélicos contemporáneos— han tenido en la configuración de una sociedad que, en muchos aspectos, parece experimentar retrocesos más que avances. Todo ello se articula con una reflexión transversal sobre la dignidad humana como eje central del desarrollo social.

Entrevistas Agenda 2030, metamorfosis social

Los entrevistados ofrecen aspectos desde la imposición ideológica hasta la evidencia científica, desde lo opuesto hasta las concordancias, desde lo obsoleto de la Agenda, hasta su seguimiento por imposición, desde su fortaleza solo en el discurso, hasta sus prácticas en políticas públicas, desde la obsolescencia por la sociedad cambiante pasando por los contrapesos gubernamentales, hasta los positivo de su fines nobles, desde la inoperancia por factores culturales, de desigualdad y de creencia, hasta el paradigma de cambio de una sociedad que despertó un día con la pandemia y lo que socialmente esto implicaba, el tema de la inteligencia artificial y una sociedad en retroceso por las guerras de los últimos tiempos, desde la búsqueda de desarrollo hasta la convicción espiritual de la dignidad humana.

El discurso en torno a la Agenda 2030 de la ONU presenta contrastes significativos, reflejando diversas perspectivas y enfoques. Algunos de los contrastes clave incluyen:

Optimismo vs. Escepticismo: Existe un contraste entre aquellos que ven la Agenda 2030 como un marco positivo y ambicioso para abordar desafíos globales, y aquellos que son escépticos sobre su efectividad y creen que podría ser demasiado idealista.

La Importancia de la vida y las personas vs. La prioridad del desarrollo sostenible: Pareciera que el discurso es más hacia la salvación y sanción del planeta que de sus habitantes, más hacía el control natal que la dignidad de las personas.

El Enfoque Global vs. Críticas Locales: A nivel global, la Agenda 2030 es respaldada por muchos líderes y organizaciones, pero localmente, especialmente en algunos países en desarrollo, pueden surgir críticas sobre la aplicabilidad de los objetivos y su adaptación a contextos específicos.

La Ambición vs. Realidad: Mientras que la Agenda 2030 establece metas ambiciosas, algunos críticos argumentan que la brecha entre la aspiración y la realidad es amplia, y se necesitarán esfuerzos significativos para lograr los objetivos establecidos.

Estos contrastes reflejan la complejidad y la diversidad de opiniones en torno a la Agenda 2030, destacando la importancia de la falta de un diálogo continuo que tome en cuenta la cultura y espiritualidad de las diferentes naciones y la colaboración para abordar los desafíos globales de manera efectiva pero también humana, bajo la duda que pareciera que en vez de avance en muchos aspectos, se viven retrocesos sociales.

Comenta el Dr. Oscar Esparza, Doctorado en Psicología, por la Universidad de Texas en El Paso, EEUU, en referencia a La agenda 2030 que “persigue metas positivas en general a través de sus diferentes temas, importantes, pero con la problemática de cómo llegar a las metas, cada grupo de interés desde su perspectiva, pueden tener, cierto tipo de camino de acuerdo a lo que persiguen, hay temas que cuando ya se ven a profundidad pueden tener el choque entre metas, por ejemplo en el cambio climático, es posible que los objetivos no se cumplan al 100% ya que eso llevaría a mayor desigualdad entre los países con mayor pobreza, por no tener los recursos, entonces sería importante que primero existiera igualdad de recursos para alcanzar las metas".

"Esta agenda surge ya que, al inicio del milenio, las Naciones Unidas, proponen lineamientos del milenio y se quedaron olvidados, replantando de nuevo al paso de los años, es complicado que todas las naciones lo adopten, es mas una carta de buenas intenciones, pero difícil de alcanzar al 2030, aunque algunas de ellas ya hay algún camino definido, es difícil su alcance sobre todo por los países que no son de primer mundo y que no tienen los recursos".

"Uno de sus objetivos es la ciudadanía mundial en esta observación del nuevo orden mundial, en lo que tiene que ver con la educación, llama la atención, porque si se habla de ciudadanía, debe haber un gobierno mundial pero cada país tiene sus derechos y obligaciones, claro que la frase lleva un rumbo de pretensión difícil de lograr es más fácil llegar por el enfoque económico que político, por ejemplo con trasnacionales o marcas poderosas en todo el mundo como Coca Cola, Microsoft, Mc'Donalds o Apple, que tienen negocios en todas partes del mundo, el ejemplo tal ves seria al hablar de Orden Mundial: La Unión Europea aunque no esta explícito pero si implícito".

"El enfoque principal incidente de esta agenda en lo educativo es mas en las naciones con rezago, sudamericano, africanos, algunos asiáticos, ya cuando se habla de temas como igualdad de género, por ejemplo entre las mismas oportunidades de hombres y mujeres en donde las naciones unidas, no lo entiende como un sexo biológico, lo entiende como un tema de género buscando incidir en el tema educativo por ejemplo en Canadá y EEUU donde más allá del tema de la igualdad en oportunidades, se transforma al tema de inclusión con un esquema de adoctrinamiento a los niños, a los adolescentes".

"Hay grupos de interés en estos temas que saben infiltrarse, bajo la justificación de la agenda 2030, por ejemplo en la ideología en los libros de texto en educación básica, hay temas que los niños no entienden por su propia edad, el hablar antes de tiempo, puede que aporten muy poco o nada o creen hasta confusión en los niños, es importante tener en cuenta la opinión de los padres, en algunos países desde la educación básica trabajan en la agenda con la defensa de la identidad sexual como derecho de los infantes, como en Canadá que ni siquiera los padres tienen opinión, desvirtuando formación en los niños ya que ni siquiera los niños lo entienden por completo, en algunos países ha traído malos resultados, como parte de una agenda".

"Quizá no hay una respuesta de cuál es el fondo de esta agenda, más allá del control de la natalidad, quizá haya buenas intenciones pero también hay intereses económicos inclusive con negocios a las farmacéuticas, quizá también como cortinas de humo y de desestabilizar la sociedad de ciertos países, de confundir, de desvío de información, de quitar el foco de atención de un tema para llevarlo a otro, se habla de desigualdad de género, pero hay otras desigualdades más graves de distribución de riqueza justa y nadie está hablando de esto".

"Desde un punto de vista académico, estos temas se deben de abordar de una manera objetiva, Cuando se habla de ideología el riesgo es que se asume un tipo de pensamiento o principios que se toman como ciertos sin importar la evidencia, es como un tipo de religión aceptarlo por cuestión de fe, hay ciertos preceptos que se asumen porque no los cuestionamos, la ciencia se puede desmentir o corroborar con base de evidencia científica y la ideología rechaza la evidencia que contradice, siendo mal visto por quien la cuestiona por no ser políticamente correcto, la ideología de género evalúa conductas por tradiciones culturales pero hay respuestas y tendencias biológicas innegables inclusive con evidencia científica, el peligro que las universidades adopten ideologías cualesquiera, porque entonces ya no hay cuestionamientos, ya se aceptan verdades como si fueran ciertas sin debatir".

"Hay que cuidar mucho la formación que existe desde la educación, desde los medios de comunicación, sobre todo cuando hay poca atención familiar, cambiar las creencias conlleva el largo plazo a través de cambios generacionales, hay que luchar y levantar la voz contra lo que no es correcto, señalar lo que es ideológico y no científico, la Agenda 2030 debe analizarse por separado, hay intereses, sobre todo en lo económico, si hay una declaración de metas, pero no como llegar ahí, a costa de qué; Debe de haber un enfoque de investigación, académico más que político o de imposición ideológica, por ejemplo en el aspecto climático en el Acuerdo de París, los países buscan como evadir sus responsabilidades, moviendo sus procesos a otros lugares, a otras naciones, para reducir las emisiones contaminantes, es importante que se invierta más en investigación, la energía eólica, por ejemplo, no ha resultado factible por ser cara, hay buenas intenciones pero los cómo se quedan incompletos" cierra el Dr. Esparza.

Dr. Oscar Armando Esparza del Villar
Dr. en Psicología experimental en UTEP
Docente de la UACJ del doctorado de Ciencias Sociales y Ciencias Administrativas
Coordinador del Programa de Psicología de la UACJ.

Comenta el Sociólogo Benjamín Peña, Docente de la UACJ, con referencia a la ONU como "una institución establecida por los amos del mundo después de la Guerra, con un enfoque hoy global más que mundial en temas como el cambio climático... pero hasta cierto punto contradictoria", Peña, menciona como ejemplo, "los intereses de los amos del mundo como los que fabrican plástico, o los que producen gases de efecto invernadero, que por supuesto difícilmente se afectaría sus intereses económicos como generadores de riqueza, aprecia más a la agenda de la ONU con un enfoque más en el discurso que como una realidad que busque un cambio verdadero para el bien de todos"

Como sociedad, dentro de su objeto de estudio profesional comenta que..-"Todo lo que intentamos los seres humano suele tener aspectos positivos y aspectos negativos, es una constante lucha, entre querer hacer el bien con todo y sus implicaciones colaterales, por ejemplo afirma que la naturaleza de hombre y mujer son distintas por biología y eso se va trasladando inclusive hasta lo laboral, el sociólogo habla de evolución hasta en el lenguaje, que van siendo aceptadas, como las palabras ambivalentes que conllevan tanto connotaciones positivas como negativas, asevera a los seres humanos como la especie más complicada, hacia el exterior hasta para poder comunicarnos y hacia el interior en la introspección, muchas veces no somos honestos ni con nosotros mismos recalcando que asumimos lo que para nosotros y desde nuestra perspectiva es correcto.

Mtro. Benjamín Peña Koestler
Lic. en Sociología
Maestría en Investigación Educativa Aplicada

Docente de la UACJ.

Habla El Dr. Yañez, Doctor en Filosofía, con respecto a la Agenda 2030, "como un documento que conlleva iniciativas para combatir los males estructurales, en los temas de pobreza, de desigualdad de género, pero sobre todo que si los vemos con ojos más críticos, que al pasar el tiempo no se han cumplido con las buenas intenciones del documento y que queda demasiado corto a la revisión de su cumplimiento".

"Es muy difícil esperar cambios, ante enfrentamientos de dominación de los medios de producción en cuanto a lo equitativo de la búsqueda de la vida digna. Dentro de la socialización del documento, sería importante encontrar los compromisos desde los diferentes ámbitos, entender los fundamentos en un nivel macro, para vivir un cambio real de paradigma".

"La sociedad debería llegar a esa crítica inclusive a cambios de modelos como lo es el capitalismo en esa búsqueda, más humana, más justa".

"Aunque es un documento de peso tiene sus propias

limitaciones que favorecen a organismos como el Banco Mundial o el Fondo Monetario Internacional, que solicita dispositivos de alerta y seguimiento de modelos para el desarrollo sostenible".

"En su discurso, pudiera ser que parte de su tematización general probablemente incida en los lineamientos escolares, y decisiones académicas, en donde muy probablemente se encuentre con amplitud involucrado sobre todo en lo discursivo, más que en lo operativo, pero que detona reacciones sociales como lo que sucede por ejemplo, con los que no creen en el cambio climático que son decenas de millones de personas."

"Se han ido construyendo contrapesos en cada país, en contra del modelo de desarrollo vigente, con gobiernos que han buscado abatir políticas globales, hay movimientos que han ayudado a visibilizar más a la sociedad y esto lleva a veces a excesos y hay que aprender a amortiguarlo hasta encontrar como integrarlas para vivir en un mundo de mejores oportunidades donde estemos comprometidos y podamos seguir analizando vigencias y encontrar siempre el objetivo último que no lleve a la exclusión, ni a la desigualdad".

"La pandemia como detonante social, nos debe llevar a analizar nuevas perspectivas para encontrar esos equilibrios de igualdad".

Dr. Ricardo Antonio Yáñez Félix
Lic. en Trabajo Social de la UACJ
Maestro en Cultura e Investigación Literaria por parte de UTEP y la UACJ
Doctor en Filosofía de la UACJ
Docente de la UTCJ.

Comenta el Pedagogo, filósofo y Politólogo, Sergio Armendáriz, Director de la Universidad Pedagógica Nacional del Estado de Chihuahua en Ciudad Juárez, "que la Agenda 2030, conlleva la nobleza de un trabajo muy sistemático, planificador, muy consensuado, con las mejores intenciones, pero que se da en una situación de un mundo que cambió con la pandemia y lo que era desarrollo sostenible se transformó con situaciones insostenibles, la pandemia nos llevó a cambios comunicativos, los lujos se convirtieron en necesidades."

"El Desarrollo Sostenible se vio en una circunstancia de reajuste el 2015 (año de la creación de la agenda) cambió con la pandemia (2019) y eso nos llevó a países como México a rezagos educativos de hasta dos años, hoy somos diferentes, vivimos psiquismos distintos, no hemos alcanzado a dimensionar, se generó una desigualdad que impacta en la sostenibilidad, el mundo tuvo un giro de retorno de nacionalismos fundamentalistas como la guerra, (un retorno a la guerra fría) regresión geopolítica con la guerra de Ucrania e Israel".

"2015 a 2023, la visión cambió inclusive con una Inteligencia Artificial que ha cambiado los paradigmas, la dinámica social es diferente en pocos años, hoy, el uso del teléfono celular te chupa el cerebro, es un vampiro como cita Juan Villoro, la Agenda 2030 debe readecuarse en un mundo que ya cambió".

"Al Populismo y sus gobiernos, no le importa seguir la Agenda, el ejemplo son los dictámenes de educación de la prueba PISA de la OCDE que a gobiernos como el de México, no le importan, existe más el cambio en el discurso como un lavado de conciencia, una sociedad del donativo y un capitalismo salvaje.

Maestro Sergio Guillermo Armendáriz Díaz
Lic. en Filosofía UACH
Maestro en Educación de la UACJ
Director de la Universidad Pedagógica Nacional del Estado de Chihuahua

Con referencia de la Agenda 2030 de la ONU, menciona el Padre Eduardo Hayen, Director del Periódico Presencia, de "algunas implicaciones y como cristianos, el cómo es que se puede interpretar esta agenda", explicando que dicha Agenda, "es un plan que se ha elaborado y que pretende conseguir 17 objetivos para el año 2030 y aunque ya desde el año 2000, la ONU, había trazado sus planes para conseguir sus objetivos para el año 2015, como era por ejemplo el tema del aborto, que era un objetivo universal y esto no se ha conseguido, y aunque es una realidad en muchos países, el aborto legal, no es una realidad en todos", comenta que ...-"ahora la ONU se plantea estos objetivos para que sean conseguidos en el año 2030 y por supuesto que muchos de estos objetivos nos parecen muy loables, deseables para todos, como por ejemplo terminar con la pobreza, que no haya hambre, salud y bienestar en el mundo, que haya una educación de calidad, el agua limpia, la energía no contaminante, la igualdad de género, desarrollo económico, también la paz, quien se va a negar a todo esto, los ecosistemas terrestres, el cuidado que hay que tener con ellos, lo hacen muy loable".

"La iglesia católica, ha tenido en su historia un desarrollo de doctrina, que se llama doctrina social de la iglesia, es decir que se ha interesado siempre por el bienestar no solamente espiritual del hombre que es lo principal, la iglesia siempre ha estado interesada por las realidades sociales, en los problema que atañen al desarrollo social de la vida humana y para esto la misma iglesia ha desarrollado un cuerpo social de doctrina, que se llama Doctrina Social de la Iglesia, que ha sido la enseñanza que han tenido los papas durante su magisterio de más de un siglo, que inicio con la encíclica del papa León XIII: Rerum Novarum y que ha se ha venido desarrollando con nuevas enseñanzas de los papas a través de los años".

Explica el Padre Hayen, que "la Iglesia se interesa por el desarrollo social y por qué tiene como fin último, la salvación de las personas, pero también el bienestar espiritual depende de las condiciones sociales en que se vive, es por eso que la Iglesia, se compromete también en el desarrollo humano y social del hombre. La iglesia siempre ha tenido una antropología, es decir una visión del hombre, en donde el hombre es el centro, es decir el centro del desarrollo, está la dignidad de la persona humana como fundamento de todo desarrollo y es lo que se debe de cuidar, es nuestra antropología, esa visión del hombre, ser humano hecho a imagen y semejanza de Dios y está en el centro de la creación".

"La Agenda 2030, no tiene esta antropología, el centro o protagonista de esta agenda no es la persona sino el concepto de desarrollo sustentable, entonces este es el último fin para lo que todo debe ser ordenado y aquí hay una primera crítica u objeción porque la persona pudiera ser utilizada simplemente como un medio para conseguir un fin, por ejemplo: El imponer medidas antinatalistas para conseguir financiación para el desarrollo, el ejemplo es de países que están en vías desarrollo como en África donde hay mucha pobreza todavía, se les puede imponer ciertas medidas antinatalistas condicionantes haciendo esto criticable a la Agenda".

Dentro de otras críticas a la agenda 2030 que comenta el Padre Hayen, como "la ONU para alcanzar sus objetivos, los propone a todos los países del mundo, pero está ignorando las diferencias abismales de desarrollo material y moral que hay entre los diferentes países y también las tradiciones religiosas de los pueblos que no las toma en cuenta, entonces pareciera que todo se propone desde una visión occidental del mundo, la religión no se toma en cuenta pareciera que todo es de corte laicista".

"Hay algo también que es bastante cuestionable como lo es el clima con una visión muy catastrofista, muy apocalíptica, cuando se habla de cambio climático presionando a los países, para que vayan manejando una transición de energías muy acelerada como se hace en Europa, además de una manera autoritaria por decreto de los gobiernos pero solamente de los gobiernos occidentales. Otra crítica seria con respecto los derechos sexuales y reproductivos, esta terminología ya viene desde antes de que se trazara la Agenda 2030, recordando como la ONU, ha tenido su historia, haciendo diferentes conferencias de población, por ejemplo la del El Cairo en 1994, Bucarest en el 1974, Pekín en 1995 y todas estas conferencias mundiales de población y de la mujer, marcando una agenda muy ideológica que es la de género y el aborto disfrazándolo de derechos sexuales y reproductivos que se buscan promover para alcanzar estos objetivos".

"Se habla también de la discriminación a la mujer que hay que combatirla, pero no se toma en cuenta a las culturas, recordemos que vivimos en un mundo sumamente heterogéneo, un mundo muy diverso y no es lo mismo una mujer en Suiza o en Suecia que una mujer en Afganistán, entonces hay una trampa en todo esto, es como un gobierno mundial que está tratando de hacer un mundo uniforme, que todo mundo piense de la misma manera, cuando el mundo es tremendamente heterogéneo y diverso en culturas y religiones".

"Vemos también como ejemplo como hay una lucha de sexos y con esto una ideología marxista que está en el fondo de la agenda; Ahora ya no se habla de lucha de clases cuando se habla de marxismo, se habla de lucha de sexos, de razas, de orientaciones sexuales, la tesis de todo esto, es que la mujeres están oprimidas, por los hombres, no solo en África y en Asia, sino también en América Latina en Europa y en todas partes, entonces se habla de los homosexuales que están oprimidos por los heterosexuales o razas oprimidas por la raza blanca discriminadas, es decir que hay una agenda marxista de fondo en esta Agenda 2030".

"Otro aspecto muy importante de crítica de la Agenda, es la cuestión de la educación sexual escolar a lo que ellos llaman la educación sexual integral, pero si uno analiza la historia de esta educación sexual, se pueden encontrar en mentes muy perversas, como por ejemplo la mentalidad de Alfred Kinsey, sexólogo norteamericano que experimentó todo tipo de relaciones sexuales de adultos con niños y luego con jóvenes para llevarlos desde la vida temprana a la iniciación sexual, luego Margaret Sanger, quien fue la fundadora de Planned Parenthood, que es la agencia abortista más grande del mundo que tiene sucursales por toda la tierra; Esta educación sexual escolar es algo muy perverso porque al mismo tiempo que promueve una sexualidad desenfrenada por parte de los jóvenes, haciéndolos creer que tienen derechos sexuales y reproductivos, al mismo tiempo les facilita los preservativos y anticonceptivos que fabrica también Planned Parenthood y también les facilita los lugares abortivos para que las chicas puedan acceder, entonces todo se torna como un negocio bastante perverso, que inicia con la educación sexual escolar y termina con el aborto, esto se promueve por la ONU, por la OMS, la Organización mundial de la Salud, siendo parte también de la Agenda".

"También algo de preocuparse de este documento, en donde lo más importante con esta visión, es el desarrollo y el medio ambiente, el ser humano pasa a ser una especie más de la creación y ya no el centro de todo el mundo, en una visión cristiana, el ser humano es la obra cumbre de la creación y todo lo demás está en función del ser humano, de su dignidad y no del desarrollo sustentable y el medio ambiente, entonces por la tanto si hay que reducir la población es para volver a un estado de naturaleza salvaje o de naturaleza paradisiaca, en donde los seres humanos salimos sobrando porque somos los que ensuciamos, los que degradamos el medio ambiente, los que nos terminamos el planeta, siendo el ser humano una especie que tiende a desparecer y aunque así no lo plantea la Agenda, con este objetivo de disminuir a la población, nos hace ver la poca importancia que tiene el ser humano y la prioridad que se le da al clima y al planeta".

"Por otra parte se puede observar que la Agenda, pretende promover el desarrollo económico pero por otra parte siendo esto contradictorio, ya que también busca disminuir a la población mundial, no hay desarrollo económico sin nacimiento de los niños y eso se puede ver en países europeos o en Canadá en donde se necesitan manos que trabajen para sostener la economía y al no tener estas manos trabajadoras, se recurre a la migración, promoviendo el derecho a inmigrar para que salven la economía de estos países desarrollados, con este argumento contradictorio entre desarrollo económico y crecimiento de la población".

“Otro aspecto a señalar, es el concepto de desarrollo sustentable puramente material, pretendiendo erradicar la pobreza en todas sus formas, la pobreza extrema sobre todo que es un gran desafío pero con una solución meramente materialista, siendo esto falso porque el problema central y lo ha mencionado el Papa Francisco, en sus intervenciones, es una crisis del espíritu humano, es un problema moral, espiritual y la Agenda 2030, no hace referencia en ningún momento a esas cuestiones morales, espirituales o de las tradiciones religiosas de los pueblos, entonces erradicar la pobreza material no trae como consecuencia el bienestar total del ser humano y se puede ver en diferentes países europeos en donde las tasas de suicidio de drogadicción, de depresión están a niveles altísimos, es decir se han olvidado de Dios estas sociedades materialistas y tienen un problema de bienestar en realidad que no logran satisfacer”.

“Cabe señalar que aunque la Agenda 2030 ya fue redactada, ya están sus principios bien expuestos, hay mucha gente en el mundo que no está de acuerdo con esto, porque la percibe como un imposición ideológica y por lo tanto no se le va a permitir volver a redactar en este documento, donde se quisiera quitar toda la cuestión del aborto, de la destrucción de la familia, de la transexualidad, de la fecundación artificial, de todo lo que promueve la agenda y aunque no se nos permitirá reescribirla a los que no concordamos con esta agenda", expresa el Padre Hayen que "además es impuesta al mundo entero, con la seguridad de que muchas personas de otras tradiciones culturales, no solamente la cristiana, rechazan la agenda, por lo tanto es mejor distanciarse de ese tipo de documento ideológico, tomar distancia y expresar que no se cree en esta visión del mundo, porque en realidad lo que propone la Agenda 2030 es decir: La lucha contra la pobreza, la educación, agua para todos, la paz, entre otros, es algo que ya se venía realizando en el mundo, sin la agenda, lo venían realizando los países por sus esfuerzos, pero ahora lo quieren hacer por la imposición de un grupo, de una élite que ha elaborado esta agenda sin hablar o llegar al conspiracionismo, sino simplemente las personas que lo redactaron lo hicieron a su gusto, con una visión ideológica que pretenden imponer a todos y por ello se considera inaceptable", comenta el Padre Hayen Cuarón.

Pbro. Eduardo Hayen Cuarón
Párroco de la Catedral de Nuestra Señora de Guadalupe de Ciudad Juárez
Director del Periódico Presencia

Análisis de discurso

El discurso en torno a la Agenda 2030 presenta contrastes significativos que reflejan la diversidad de enfoques y posicionamientos existentes. Uno de los principales contrastes se sitúa entre el optimismo y el escepticismo. Por un lado, existen quienes consideran la Agenda 2030 como un marco ambicioso y necesario para enfrentar los grandes desafíos globales; por otro, se encuentran quienes cuestionan su viabilidad, su carácter idealista y la brecha existente entre sus aspiraciones y la realidad social.

Otro contraste relevante se manifiesta entre la centralidad de la vida y la dignidad de las personas frente a la prioridad otorgada al desarrollo sostenible. Desde algunas posturas críticas, se percibe que el discurso institucional enfatiza más la preservación del planeta y el control demográfico que la protección integral del ser humano, lo que genera tensiones éticas y antropológicas profundas.

Asimismo, se evidencia una oposición entre el enfoque global de la Agenda y las críticas locales que emergen en contextos específicos, particularmente en países en desarrollo. Mientras a nivel internacional la Agenda es ampliamente respaldada por organismos y líderes políticos, a nivel local surgen cuestionamientos sobre su aplicabilidad, pertinencia cultural y adecuación a realidades sociales profundamente desiguales.

Finalmente, se presenta la tensión entre la ambición de los objetivos propuestos y la realidad de su implementación. Aunque la Agenda 2030 establece metas de gran alcance, diversos actores señalan que los recursos, los mecanismos y las voluntades políticas necesarias para alcanzarlas son insuficientes, lo que pone en duda su efectividad a largo plazo.

Estos contrastes evidencian la complejidad del debate en torno a la Agenda 2030 y subrayan la necesidad de un diálogo continuo que considere no solo los aspectos técnicos y económicos, sino también las dimensiones culturales, espirituales y humanas de las sociedades. La percepción de que, en lugar de avances sostenidos, se experimentan retrocesos sociales en diversos ámbitos, refuerza la urgencia de una revisión crítica y contextualizada.

Desarrollo: contrastes, tensiones y lecturas críticas de la Agenda 2030

El análisis de los discursos recogidos revela una serie de contrastes que atraviesan el debate contemporáneo en torno a la Agenda 2030. Uno de los principales ejes de tensión se sitúa entre el **optimismo institucional** y el

escepticismo crítico. Mientras la Agenda es presentada globalmente como un marco ambicioso para enfrentar desafíos como la pobreza, la desigualdad y el deterioro ambiental, los entrevistados coinciden en señalar la distancia existente entre el discurso y la operatividad real de sus objetivos, especialmente en países con profundas asimetrías económicas y sociales.

Desde la psicología, el Dr. Óscar Esparza subraya que la Agenda persigue metas positivas, pero adolece de una clara definición de los medios para alcanzarlas, lo que genera choques entre objetivos, particularmente en temas como el cambio climático y la desigualdad económica. Advierte, además, sobre el riesgo de que ciertos postulados se conviertan en dogmas ideológicos no sometidos a debate científico, especialmente en el ámbito educativo, donde pueden derivar en procesos de adoctrinamiento más que de formación crítica.

El sociólogo Benjamín Peña enfatiza el carácter contradictorio de una agenda promovida por organismos internacionales que, al mismo tiempo, conviven con intereses económicos globales que reproducen las desigualdades que dicen combatir. Desde su perspectiva, la Agenda 2030 se sostiene más en el plano discursivo que en transformaciones estructurales reales, reflejando las tensiones propias de un sistema global que intenta conciliar desarrollo, capital y justicia social.

Por su parte, el Dr. Ricardo Yáñez aporta una lectura filosófica que cuestiona la viabilidad del documento frente a modelos económicos dominantes y estructuras de poder que limitan su cumplimiento. Señala que, aunque la Agenda plantea objetivos loables, su implementación se ve obstaculizada por intereses macroeconómicos y por la falta de un verdadero cambio de paradigma que coloque la dignidad humana en el centro del desarrollo.

Desde el ámbito educativo, el Mtro. Sergio Armendáriz contextualiza la Agenda en un mundo radicalmente transformado por la pandemia, las regresiones geopolíticas y el avance acelerado de la inteligencia artificial. Argumenta que los supuestos de sostenibilidad formulados en 2015 resultan insuficientes frente a un escenario global marcado por rezagos educativos, nuevas formas de desigualdad y una reconfiguración profunda de la vida social y cultural.

Finalmente, la visión espiritual-religiosa y con un amplio conocimiento del tema, del Pbro. Eduardo Hayen, que introduce una crítica antropológica de fondo, señalando que la Agenda 2030 prioriza el concepto de desarrollo sostenible por encima de la persona humana. Desde la doctrina social de la Iglesia, cuestiona la ausencia de una dimensión moral y espiritual en el documento, así como la imposición de postulados ideológicos que no consideran la diversidad cultural, religiosa y antropológica de los pueblos.

En conjunto, las entrevistas evidencian que la Agenda 2030 no puede ser analizada únicamente como un instrumento técnico de política global, sino como un documento profundamente atravesado por debates ideológicos, éticos, culturales y antropológicos. La metamorfosis social del siglo XXI exige, por tanto, una revisión crítica y plural que coloque nuevamente al ser humano —en su dignidad, complejidad y diversidad— en el centro de cualquier proyecto de desarrollo.

Conclusión

El análisis de las distintas perspectivas presentadas en este capítulo permite afirmar que la Agenda 2030 de la ONU constituye un proyecto global atravesado por profundas tensiones entre sus intenciones declaradas y sus implicaciones reales. Si bien sus objetivos expresan aspiraciones ampliamente compartidas —como la erradicación de la pobreza, la promoción de la paz, el acceso a la educación y el cuidado del medio ambiente—, su recepción crítica en contextos como Ciudad Juárez revela los límites de una agenda que, en muchos casos, se percibe como distante, incompleta o ideológicamente sesgada.

Las voces entrevistadas coinciden en la necesidad de reabrir el debate académico y social sobre la Agenda 2030, no para descalificarla de manera simplista, sino para someterla a un análisis riguroso, contextualizado y humanista. La metamorfosis social del siglo XXI —acelerada por la pandemia, las crisis geopolíticas, los avances tecnológicos y las transformaciones culturales— exige marcos de desarrollo que reconozcan la complejidad de las realidades locales, la centralidad de la dignidad humana y la importancia del diálogo entre ciencia, ética, cultura y espiritualidad.

En este sentido, más que un documento cerrado, la Agenda 2030 debería entenderse como un punto de partida para una reflexión crítica permanente, capaz de adaptarse a sociedades cambiantes y de evitar que el desarrollo se convierta en un fin en sí mismo, desvinculado de las personas a las que pretende servir. Solo desde una aproximación plural, interdisciplinaria y profundamente humana será posible discernir si esta agenda contribuye realmente a un futuro más justo o si requiere una revisión sustantiva acorde a los desafíos del presente.

CAPÍTULO 4

Metamorfosis Social

> *"Y si dijese que estaba enfermo, ¿qué pasaría? Pero esto, además de ser muy penoso, despertaría sospechas, pues Gregorio, en los cinco años que llevaba empleado, no había estado nunca enfermo."*
>
> *Franz Kafka, La Metamorfosis, 1915.*

Dr. Sergio Pacheco González

Introducción.

Metamorfosis, como otras palabras en el castellano, aproximadamente 20% de éstas (de Francesco, 2020), tiene origen en el idioma griego. Así, esta palabra (μεταμόρφωση) compuesta del prefijo meta (μετ), más allá o transposición, la palabra morphé (μορφή), forma o figura, y la raíz osis (οσις), proceso, estado, "es usada para referirse a los cambios morfológicos que sufren muchos organismos durante su desarrollo, como sucede con los insectos, y los anfibios" (Diccionario Etimológico Castellano en Línea).

Por su parte, el *Diccionario de la Lengua Española* describe la palabra metamorfosis, más allá de su acepción zoológica, como “Transformación de algo en otra cosa” o bien, como “Mudanza que hace alguien o algo de un estado a otro, como de la avaricia a la liberalidad o de la pobreza a la riqueza.” En este sentido, se alude más a un estado, que a un proceso. No obstante, entre sus sinónimos presenta: transformación, transmutación, transfiguración, conversión, mudanza, cambio. De éstos, dos son pertinentes al objeto de este capítulo: 1) Transformar, que indica hacer cambiar de forma a alguien o algo; y 2) Cambiar, que ofrece varias acepciones, entre ellas: Dejar una cosa o situación para tomar otra; Convertir o mudar algo en otra cosa, frecuentemente su contraria; y Modificarse la apariencia, condición o comportamiento. (https://dle.rae.es)

El Diccionario de Lengua Española de Larousse hace referencia, además de la acepción biológica, a la transformación de una cosa en otra y al cambio que experimenta una persona al variar de situación, estado o cualquier otra circunstancia. Mientras que, en el alemán, el idioma original del texto (*Die Verwandlung - La metamorfosis*) la palabra *verwandlung* significa cambio, conversión o transformación.

De lo expresado, podemos asumir que, cuando nos referimos a metamorfosis social, estamos considerando transformación y cambio. Veamos qué cambia y cómo se transforma.

Metamorfosis como transformación y cambio social

En *La metamorfosis*, de Franz Kafka, asistimos al cambio de forma de su protagonista, Gregorio Samsa, quien se da cuenta, de manera progresiva, que se ha convertido en una cucaracha[28] , hecho que cuestiona el orden natural, así como el sentido usual del término en el ámbito de la zoología y al que le reconoce la referencia etimológica consultada. Esta narración, posibilita abordar dos fenómenos que se están desarrollando y que muestran sus profundos efectos en la segunda mitad del siglo XX y que habrán de profundizarse en el siglo XXI. Por una parte, como cambio y por la otra, como transformación.

Se tienen, entonces, dos dimensiones: cambio y transformación. Samsa cambia de forma, este cambio se desarrolla de manera más profunda y trascendente cuando el escenario en que se desarrollan los eventos también lo hace, tanto desde la figuración familiar[29], como de sus

---

[28] Se usa este insecto en función de que se ha popularizado asociarlo al texto, si bien, como argumenta Susan Bernofsky (2014), en el idioma alemán la expresión original *ungeheueres Ung*, significaría "una especie de insecto monstruoso".

[29] "..., *el hombre*, en tanto individuo, es concebido como un ser en proceso que participa
en el transcurso de su existencia en diversas relaciones de poder, ocupando posiciones variables en
los ámbitos en que se desenvuelve. En consecuencia, el concepto de figuración hace referencia, al
modelo que da cuenta de la interdependencia de las acciones y del tejido de tensiones que se producen en las relaciones humanas. Acciones y tensiones que varían de acuerdo con las diversas posiciones que ocupan los participantes en el espacio social de relación. (Elías, 1999, como citó Pacheco, 2019, p. 52).

condiciones materiales de existencia.

El epígrafe con que da inicio este capítulo es una referencia explícita a la posición de trabajador/vendedor con la que se identifica Samsa y como proveedor que es para su familia. Ambas posiciones habrán de cambiar, como lo hace su constitución física.

¿Qué cambia? ¿Cómo se transforma?

En el *Diccionario de Sociología* de Orlando Greco, se señala que el cambio social implica la "modificación significativa de las estructuras sociales con consecuencias y manifestaciones ligadas a las normas, a los valores y a los productos de esas estructuras." (2008, p. 65). Por su parte, en el *Diccionario de Sociología* editado por Henry Pratt Fairchild, se hace referencia a variaciones o modificaciones en pautas y procesos sociales, destacando su carácter abierto: "El cambio social puede ser progresivo o regresivo, permanente o temporal, planeado o sin planear, en una dirección o en múltiples direcciones, benéfico o perjudicial, etc." (1984, p. 30). En el diccionario de Demarchi y Ellena, el cambio social adquiere una mayor profundidad y se sitúa en el tránsito a la modernidad, lo que refiere a un cambio de orden social.

> Según Fletscher, a pesar de las diferencias, se pueden descubrir algunos elementos comunes, tales como el reconocimiento de que el contenido esencial del cambio es el paso de una sociedad

> predominantemente tradicional a otra predominantemente contractual y racional, y la observación de que es necesario reconstruir las instituciones a la luz de principios racionales y éticos. (Demarchi y Ellena, 1986, p. 199)

En *La metamorfosis*, de Franz Kafka, asistimos al cambio de forma de su protagonista, Gregorio Samsa, quien se da cuenta, de manera progresiva, que se ha convertido en una cucaracha[30], hecho que cuestiona el orden natural, así como el sentido usual del término en el ámbito de la zoología y al que le reconoce la referencia etimológica consultada. Como se indicó, en el idioma alemán el título de la obra de Kafka es *Die Verwandlung*, palabra esta última utilizada, señala Bernofsky (2014), para significar transformación en los cuentos de hadas, como la "de los siete hermanos de una niña en cisnes." En el Diccionario Electrónico DeepL, se confirma que *Verwandlung* se traduce, al español, como transformación.

En el mismo sentido que Demarchi y Ellena (1986), Donati indica que "cambio social significa asegurar que la sociedad pasa de un orden social a otro (por ejemplo, del Antiguo Régimen a la democracia, de una sociedad agraria a una sociedad industrial, del capitalismo al socialismo,

---

[30] Se usa este insecto en función de que se ha popularizado asociarlo al texto, si bien, como argumenta Susan Bernofsky (2014), en el idioma alemán la expresión original *ungeheueres Ung*, significaría "una especie de insecto monstruoso".

etc.)" (1993, p. 29). En este sentido, "hay cambio social cuando las relaciones propias y específicas de una entidad social se forman con cualidades distintivas que difieren de las precedentes, esto es, siguiendo distinciones directrices (o sus combinaciones) que corresponden a un nuevo códice simbólico." (Donati,1993, p. 42). Samsa se enfrenta, en efecto, a un orden distinto que limita sus relaciones, en tanto su capacidad de comunicar y de operar no corresponde con los códigos de que hacen uso quienes habitan en su entorno.

Al respecto, resulta adecuado retomar la definición que realiza la Organización de las Naciones Unidas para la Educación, la Ciencia y la Cultura (UNESCO), del concepto transformación social:

> ...se refiere a cambios profundos y sistémicos en las estructuras, valores e instituciones sociales, impulsados por transformaciones económicas, políticas, tecnológicas o culturales. Redefine las dinámicas de poder, las relaciones sociales y las oportunidades, influyendo en la inclusión, la equidad y la resiliencia. Una transformación social eficaz fomenta el desarrollo sostenible, la justicia y las respuestas adaptativas a los desafíos globales. (s.f.)

Es decir, que son factores estructurales los que determinan las modificaciones en los arreglos institucionales y en las prácticas sociales, mismas que demandan cambiar para poder adaptarse a las nuevas condiciones. Lo que no se explica es cómo generan por sí mismas las diversas expresiones de desarrollo, inclusión o equidad, por ejemplo, al mismo tiempo que se vela la participación ciudadana.

Si Donati y la UNESCO tienen razón, entonces estamos no sólo asistiendo, sino participando de una metamorfosis social, de la construcción de un orden distinto que da cuenta de cambios estructurales (económicos y tecnológicos destacadamente), tanto como superestructurales y, como tales, políticos, culturales, ideológicos y jurídicos. Para articular cambio y transformación social situémonos en el campo de la cuestión social, para después centrarnos en algunos aspectos específicos.

La cuestión social: crisis y cambio social

Como señala Pierre Rosanvallon en la Introducción a su texto, *La nueva cuestión social: repensar el Estado providencia* (2011, p. 7): "La 'cuestión social': esta expresión, lanzada a fines del siglo XIX, remitía a los disfuncionamientos de la sociedad industrial naciente." En este sentido, estaba referida a los efectos del cambio social producto de la transición de la sociedad agraria a la sociedad industrial y al establecimiento de un nuevo orden (Donati, 1993) que, como observaba Fletscher (como se citó en Demarchi y Ellena, 1986), pasó de ser predominantemente tradicional a otro contractual y racional.

Como todo cambio social o en términos de la UNESCO, toda transformación social genera múltiples efectos que trastocan "las estructuras, valores e instituciones sociales", amén de las vidas de quienes las conforman y dan sentido. En este nuevo orden, tiene una posición protagónica la clase trabajadora o bien, como la refiere Rosanvallon, "el proletariado de la época", en quien descansa no sólo la productividad, sino la satisfacción de necesidades de sus figuraciones familiares.

Al respecto, Castel señala:

> Más que de jerarquía, se trataba entonces de un mundo escindido por la doble oposición entre capital y trabajo, y entre seguridad-propiedad y vulnerabilidad de masas. Escindido, pero también amenazado. La "cuestión social" consistía entonces precisamente en la toma de conciencia de que esa fractura central puesta en escena a través de las descripciones del pauperismo[31] podía llevar a la disociación del conjunto de la sociedad. (1997, p. 456)

En este sentido, para el sociólogo francés: "El desarrollo del Estado providencia [Estado del bienestar] casi había

[31] De acuerdo con el Diccionario de la Lengua Española: "Situación persistente de pobreza". Su profundización, en la perspectiva de Rosanvallon, se expresa como sigue: "Se habla del pauperismo más que de los pobres, de la desocupación más que de los desocupados, de la exclusión antes que de los excluidos." (2011, p. 196).

llegado a vencer la antigua inseguridad social y a eliminar el temor del mañana." (Rosanvallon, 2011, p. 7). Ese casi no sólo no se logró, se produjo una regresión, en uno de los sentidos de la definición de cambio social que nos proporcionó Fairchild (1984): el cambio puede ser regresivo y éste afectó al conjunto, más de manera directa a ese proletariado, a la clase obrera: al trabajador.

Desde esta perspectiva, no resulta causal que André Gorz redactara *La metamorfosis del trabajo: búsqueda de sentido* (1995) y que Robert Castel escribiera *Las metamorfosis de la cuestión Social: Una crónica del salariado* (1997), abordando algunos de los cambios sustanciales que se producen en la segunda mitad del siglo XX y, particularmente, en las décadas de los años 70 y 80. De la importancia del orden contractual da cuenta Castel:

> La sociedad salarial es la formación social que llevó a conjurar en gran medida la vulnerabilidad de masas, y a asegurar una gran participación en los valores sociales comunes. En otras palabras, la sociedad salarial es la base sobre la que reposa cualquier democracia de tipo occidental[32], con sus méritos y sus lagunas: no consenso, pero sí regulación de los conflictos; no igualdad de las condiciones, pero sí compatibilidad de sus diferencias; no justicia social,

[32] Al respecto, apunta Beck (2019, p. 20): "Por una parte, con la sociedad industrial triunfan la pretensión y las formas de la democracia parlamentaria. Por otra parte, se demedia el radio de validez de estos principios."

pero sí control y reducción de la arbitrariedad de los ricos y poderosos; no gobierno de todos, pero sí representación de todos los intereses, llevados al debate en la escena pública. (Castel, 1997, p. 456)

Este periodo es también observado por Rosanvallon y en él que se problematiza una nueva versión de la cuestión social:

> Desde el principio de los años ochenta, el crecimiento de la desocupación y la aparición de nuevas formas de pobreza parecieron, al contrario, llevarnos tiempo atrás. Pero a la vez se ve con claridad que no se trata de un simple retorno a los problemas del pasado. Los fenómenos actuales de exclusión no remiten a las categorías antiguas de la explotación. Así, ha hecho su aparición la nueva cuestión social. (2011, p. 7)

Esta nueva versión es relacionada por Castel con la flexibilización del trabajo y con la vulnerabilidad.

> De modo que el núcleo de la cuestión social consistiría hoy en día, de nuevo, en la existencia de "inútiles para el mundo", supernumerarios y alrededor de ellos una nebulosa de situaciones asignadas por la precariedad y la incertidumbre del mañana, que atestiguan el nuevo crecimiento de la vulnerabilidad de masas. (Castel, 1997, p. 465)

Como Rosanvallon, Castel ve un retroceso que no se

expresa con las formas del pasado: "no se trata del eterno retorno de la desdicha sino de una metamorfosis completa, que hoy en día plantea de manera inédita la cuestión de enfrentar la vulnerabilidad *después de las protecciones*. (Castel, 1997, p. 466). En cierto sentido, arribamos a la sociedad del riesgo:

> De una manera similar a como en el siglo XIX la modernización disolvió la sociedad agraria anquilosada estamentalmente y elaboró la imagen estructural de la sociedad industrial, la modernización disuelve hoy los contornos de la sociedad industrial, y en la continuidad de la modernidad surge otra figura social. (Beck, 2019, p. 16)

Esto, sin dejar de considerar el impulso a nuevas formas de relacionamiento que se vieron favorecidas, tanto por el desarrollo de la informática[33],como por los llamados nuevos movimientos sociales[34] que emergen en los años 60 y de los que Boaventura de Sousa afirmaba que interesaban prioritariamente a la sociología de los años 80,

---

[33] "El acrónimo 'informática' se acuñó en Francia, en 1962, como *informatique*. Se formó de
la conjunción de las palabras *information* y *automatique*, para dar idea de la automatización de la información que se logra con los sistemas computacionales." (Ávila Díaz, 2013, p. 218).

[34] "El orden y la visión unidimensional dejan de ser un referente para la explicación de la realidad social, de las nuevas identidades o los movimientos sociales. Su lugar pasa a ser ocupado por lo incierto, lo contingente, lo ambiguo. El viejo orden se hace pedazos y las ambivalencias de la civilización del riesgo afloran por doquier." (Cohen, 2017, p. 189)

como "los nuevos sujetos sociales y ... los Nuevos Movimientos Sociales", destacando que:

> Si en los países centrales la enumeración de los nuevos movimientos sociales incluye típicamente los movimientos ecológicos, feministas, pacifistas, antirracistas, de consumidores y de autoayuda, la enumeración en América Latina –donde también es corriente la designación de movimientos populares o nuevos movimientos populares para diferenciar su base social que es característica de los movimientos en los países centrales (la "nueva clase media")– es bastante más heterogénea. (2001, p. 177)

Como heterogéneas son las denominaciones que se le han asignado a esta metamorfosis en proceso: modernidad tardía o reflexiva (Beck, 2019; Cohen, 2017), sociedad postmoderna (Donati, 1993), modernidad líquida (Bauman, 2006a), las que otorgan énfasis distintos a varias de sus expresiones. Como mostraba Fairchild (1984), el cambio es abierto y en el proceso de transformación que lo impulsa, no se eliminan sus antecedentes, se actualizan, como, por ejemplo, señala Donati:

> ..., decir que entremos en la sociedad postmoderna no significa, ciertamente, afirmar que la cultura moderna, las formas y las relaciones sociales burguesas estén muertas, sino más bien que las relaciones sociales que la modernidad ha expresado

han generado en la actualidad una dinámica autónoma, caracterizada por un tiempo social propio y por conexas distinciones directrices para la acción. (1993, p. 47)

Las nuevas relaciones sociales se expresan en la relación salarial, las modalidades de empleo, la seguridad social, las relaciones familiares y de pareja, la movilidad humana, la política, la soberanía de los Estados, la violencia y los retos que enfrenta el marco jurídico en los ámbitos nacionales e internacionales. Como señala Cohen: "Cuando hablamos de modernidad reflexiva o tardía nos referimos a una particular etapa de la sociedad moderna, definida no por la seguridad y la certeza, sino por la contingencia y el riesgo." (2017, p. 173). Ambos elementos vinculados la vulnerabilidad, reconocida como componente de la nueva condición social.

La preocupación de Samsa por su empleo se produce en un contexto que anticipa lo que Castel denominará "el desmoronamiento de la sociedad salarial, por lo menos dcl modelo con que ella se presentaba a principios de la década de 1970. Éste es el nudo de la cuestión social en la actualidad[35]" (Castel, 1997, p. 397), donde la pérdida de protagonismo de las organizaciones sindicales y los cambios en las regulaciones del trabajo, además de la

[35] Con la cuestión social Castel hace referencia a la paradoja que vive la sociedad que pretende su cohesión al momento que enfrenta el riesgo de su fractura (Castel,1997).

incorporación de la informática y la robótica en los procesos productivos, eliminan puestos de trabajo.

> «La sustitución del trabajo por la robótica son «trabajo» tal como hasta aquí se entendía este término: sustitución del trabajo humano por la robótica y la telemática (...) permite extraer un valor superior al salario pagado anteriormente. (...) Este valor está disponible para remunerar a quien ha perdido su empleo. El paro es más un desplazamiento de actividad que una supresión de empleo.» (Stoleru, 1986, como se citó en Gorz, 1991, p. 13)

El desplazamiento a que hace referencia Gorz lo podemos observar, por ejemplo, en los miles de trabajadores que realizan actividades de servicio, entre éstas, las que se han expandido y masificado con el desarrollo de las plataformas tecnológicas de la llamada economía colaborativa o compartida, como lo son *Uber*, *Didi* o *Rappi*, por mencionar algunas de las más comunes. El trabajador vive la ilusión de ser su propio jefe, asumiendo todos los riesgos de su actividad, mientras está a expensas de los peligros que se deriven de las acciones que tomen quienes administran la plataforma, por ejemplo, la Junta Directiva y "el CEO de Uber ... [quien] desde el 2017, dirige el negocio de la empresa en más de 70 países de todo el mundo."[36]

---

[36] En México, se ha reglamentado la Seguridad Social para Empresas y Trabajadores de Plataformas Digitales, mediante las Reglas publicadas el 24 junio en el Diario Oficial de la Federación y con vigencia de su Prueba Piloto a partir del 1 de julio de 2025. Entre sus primeros efectos, Octavio Amador, Editor de la sección Empresas y Negocios del diario *El Economista* informó, el 10 septiembre de 2025: "En agosto de 2025, el IMSS reportó que 6 de cada 10 empleos generados provienen de plataformas como Uber y Didi. Aunque se incorporaron 133 mil trabajadores al Seguro Social, la creación de empleo formal

(https://investor.uber.com/governance/default.aspx) Un ejemplo de la importancia de este desplazamiento del empleo se muestra en la Figura 1, que da cuenta de la relevancia que ha adquirido las plataformas digitales, en la movilidad de sus usuarios y para diversos propósitos, en los Estados Unidos de América.

La resignificación del trabajo y del trabajador se muestra también en empresas como *Sam's Club* y *Walmart* donde los trabajadores son denominados asociados o como en la industria maquiladora, a quienes trabajan en la línea de producción se les llama operadores; también se puede identificar a los "orgullOXXOs colaboradores" de la cadena de tiendas de conveniencia *Oxxo*, con 25,987 establecimientos distribuidos en Brasil, Chile, Colombia, Estados Unidos, México y Perú, como se indica en su página electrónica (https://www.oxxo.com/quienes-somos).

En este sentido, Ulrich Beck plantea un escenario de incertidumbre:

> En la globalidad de la contaminación y de las cadenas mundiales de alimentos y productos, las amenazas de la vida en la cultura industrial recorren metamorfosis sociales del peligro: reglas cotidianas de la vida son puestas del revés. Los mercados se hunden. Domina la carencia en la sobreabundancia. Se desencadenan riadas de pretensiones. Los sistemas jurídicos no captan los hechos. Las preguntas más evidentes cosechan encogimientos de hombros. Los tratamientos médicos fracasan. Los edificios

cayó 60% respecto al año pasado." (https://www.youtube.com/watch?v=30-oBorV1uc)

científicos de racionalidad se vienen abajo. Los gobiernos tiemblan. Los votantes indecisos huyen. (2019, p. 13)

Figura 1

Uso de aplicaciones de transporte bajo demanda por adultos en Estados Unidos en septiembre de 2018

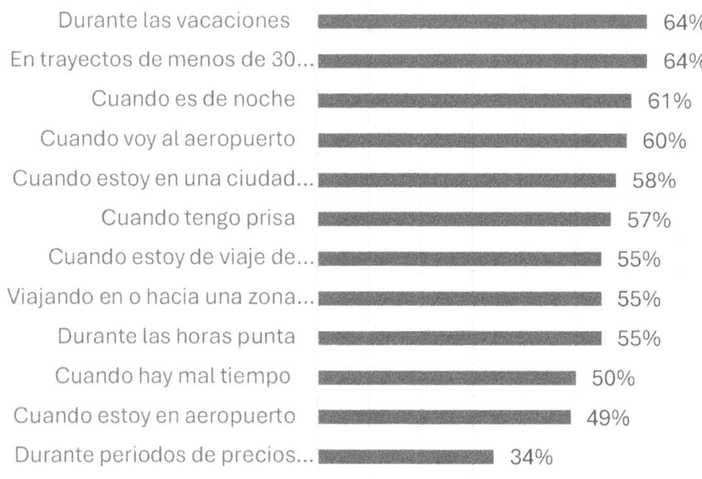

Información adicional: Estados Unidos; Morning Consult; del 27 al 29 de septiembre de 2018; 290 participantes; mayores de 18 años; adultos que han utilizado servicios de transporte bajo demanda y taxi en el último año; Entrevista online. Porcentaje de encuestados: 40%
Fuente: Morning Consult @ Statista 2025

Veamos algunos ámbitos donde la metamorfosis tiene lugar.

Una mirada a la Agenda 2030

Para dar cuenta de la metamorfosis en marcha y de algunos de los ámbitos en que se expresa, es conveniente considerar la Resolución 70/1 de la Asamblea General de las Naciones Unidas (NU, 25 de septiembre de 2015) que aprueba el documento *Transformar nuestro mundo: la Agenda 2030 para el Desarrollo Sostenible*, mejor conocida por sus 17 Objetivos de Desarrollo Sostenible (ODS), pues es claro que ambos instrumentos se encuentran directamente relacionados con la cuestión social y por tanto con su metamorfosis.

En la Agenda 2030, se identifican como temas de urgente atención "la pobreza, la desigualdad, el cambio climático, la degradación ambiental o la falta de desarrollo sostenible", los que se abordan considerando cinco dimensiones: las personas, el planeta, la prosperidad, la paz y las alianzas. En ese sentido, se pretende que ésta se convierta en una guía:

> De este modo, en un mundo que camina hacia su extinción, la Agenda 2030 de la ONU nace como un camino para la esperanza. Proporciona un marco integral y ambicioso para ayudar a países, empresas y la sociedad general a abordar estas necesidades apremiantes, consiguiendo así que la construcción de nuestro planeta, sociedad y economía sea más inclusiva y sostenible tanto para las generaciones

presentes y futuras. (Pacto Mundial Red España, s.f.)

No obstante, al redactar este capítulo, el mundo que conocemos está en un momento crítico, en el que se avizora la posibilidad de que esos problemas se agudicen a escala global y en consecuencia las personas, el planeta y la paz se encuentren en peligro, mientras las alianzas se consoliden en bandos enfrentados poniendo en riesgo las aspiraciones de bienestar.

Diversos conflictos bélicos están en curso y apuntan a ampliarse y profundizarse[37] (véase Figura 2). La paz mundial está en peligro[38], antiguas alianzas se resquebrajan y el organismo multilateral que se construyó (24 de octubre de 1945) para evitar que se repitieran conflagraciones armadas priorizando el diálogo y la solución pacífica de las controversias, parece destinado a desaparecer. En su página electrónica este organismo reconoce que se suceden en el mundo cambios que se caracterizan por su rapidez y no obstante las condiciones prevalecientes, afirma: "Pero una cosa ha permanecido

---

[37] Se trata tanto de la guerra entre Rusia y Ucrania, como del conflicto en Gaza y el desatado por la agresión de los Estados Unidos de América e Israel en contra de Irán, la respuesta de éste a objetivos "en territorio israelí y posiciones de EEUU en otros países de Oriente Medio –Arabia Saudí, Jordania, Baréin, Kuwait, Qatar y Emiratos Árabes Unidos– con misiles y drones contra bases militares estadounidenses en la región." (elDiario.es Internacional, 2 de marzo de 2026).

[38] Para Ulrich Beck, la diferencia entre riesgo y peligro se basa en la asunción de las decisiones: mientras que el riesgo es el resultado de decisiones propias, asumiendo las consecuencias de las mismas, el peligro es asumido como la consecuencia de decisiones tomadas por otro(s) y que recaen sobre alguien o algunos más. (Cohen, 2017, p. 178)

igual: sigue siendo el único lugar de la Tierra donde todas las naciones del mundo pueden reunirse, discutir problemas comunes y encontrar soluciones compartidas que beneficien a toda la humanidad." (NU, s.f.) Su afirmación, como su existencia, están en riesgo.

Figura 2

Ataques de EEUU e Israel en Irán y respuesta de los iraníes a ciudades y bases estadounidenses en la zona

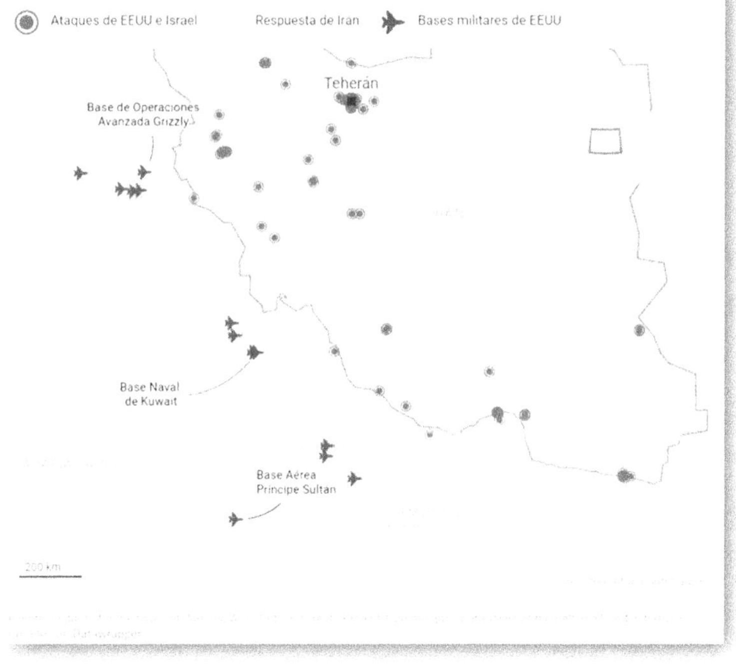

Fuente: Institute for the Study of War and AEI's Critical Threats Project, Geo-mapping databases of the Belt and Road Initiative. (elDiario.es) Creado con Datawrapper

Lo que sabemos es que estamos viviendo una metamorfosis social que impacta en todos los ámbitos de vida y que una manera de dar cuenta de ella es posible tomando en cuenta algunos de los ODS, no para cuantificar sus reconocibles logros o insuficiencias, sino para evidenciar aquellos aspectos donde la cuestión social se hace presente.

Tomemos, por ejemplo, el ODS 8. Promover el crecimiento económico sostenido, inclusivo y sostenible, el empleo pleno y productivo y el trabajo decente para todos, en su Meta 8.1. Mantener el crecimiento económico per cápita de conformidad con las circunstancias nacionales y, en particular, un crecimiento del producto interno bruto de al menos el 7% anual en los países menos adelantados. Este indicador tiene una relación directa con el empleo, el subempleo, el desempleo y la informalidad. Si la meta no se alcanza, el efecto probable es la reducción de las capacidades de la población para la satisfacción de sus necesidades, incrementando los supernumerarios (ser innecesarios o sobrantes) a los que hacía referencia Castel (1997). Esta condición se muestra plausible, en el caso de México, de acuerdo con los datos de la Figura 3, en tanto en ningún año del periodo de análisis se alcanzó la meta y peor aún, en al menos cinco años (2007, 2008, 2009, 2019 y 2020) se presentó decrecimiento, el más dramático y comprensible, el que corresponde a la pandemia por COVID-19; de hecho, NU estimaba "la pérdida de 400 millones de puestos de trabajo en el segundo semestre de

2020." (UN, Objetivo 8, https://sdgs.un.org/es/goals/goal8).

Figura 3

Tasa de crecimiento anual del PIB real per cápita – G en México

Cobertura temporal: 2003-2024

Fuente: Instituto Nacional de Estadística y Geografía (INEGI). Sistema de Cuentas Nacionales de México. Cuentas de Bienes y Servicios, 2024 preliminar. Base 2018. Anual. (octubre de 2025) (agenda2030.mx) G: Indicador del marco global.

Precisamente, en el ámbito de la salud, el ODS 3. Garantizar una vida sana y promover el bienestar de todos a todas las edades, plantea en su Meta 3.3 De aquí a 2030, poner fin a las epidemias del SIDA, la tuberculosis, la malaria y las enfermedades tropicales desatendidas y combatir la hepatitis, las enfermedades transmitidas por el agua y otras enfermedades transmisibles.

En este nuevo orden, donde la incertidumbre es una

condición de vida, señala Cohen: “La incapacidad de percibir, en un cien por ciento, todas las consecuencias del riesgo, caracteriza esta segunda fase de la modernidad y abre el panorama a una serie de contingencias y sucesos impredecibles.” (2017, p. 185). Este es el caso de la pandemia, no así el de la tuberculosis, padecimiento que presenta un nuevo brote que adquiere una dimensión preocupante, como señala la Organización Mundial de la Salud: “En 2024, 1,23 millones de personas murieron de tuberculosis, entre ellas 150 000 personas con infección por el VIH. A escala mundial, la tuberculosis es la principal causa de muerte por un patógeno infeccioso y figura entre las 10 primeras causas de mortalidad.” (OMS, 13 de noviembre de 2025).

Con respecto al sarampión, en 179 Estados Miembros de las seis regiones de la OMS se notificaron 247 623 casos confirmados de enero de 2025 a enero de 2026, correspondiendo 28% de los casos a la Región del Mediterráneo Oriental; 25 % de África; y 22% Europa (OPS, 3 de febrero del 2026). Una situación similar se presenta en el caso del sarampión, del que la Organización Panamericana de la Salud identifica en la región de las Américas, que: “Hasta el 8 de agosto de 2025, se han confirmado 10.139 casos de sarampión y 18 muertes relacionadas en diez países, lo que representa un incremento de 34 veces en comparación con el mismo período de 2024." (OPS, 15 de agosto de 2025). Si bien no se presentan diferencias significativas por sexo (Figura 4), las tasas en menores de un año y de uno a nueve, son reveladoras de la vulnerabilidad, como lo son, con relación a esta enfermedad viral y altamente contagiosa, personas adolescentes y jóvenes (Figura 5). La falta de vacunación (Figura 6) constituye una evidencia de incumplimiento del objetivo y de los peligros que se derivan de una gestión gubernamental deficiente.

Figura 4

Porcentaje de casos por sexo

Fuente: OPS. (3 de febrero del 2026). Alerta Epidemiológica Sarampión en la Región de las Américas.

Figura 5

Sarampión: tasas de incidencia por grupos de edad

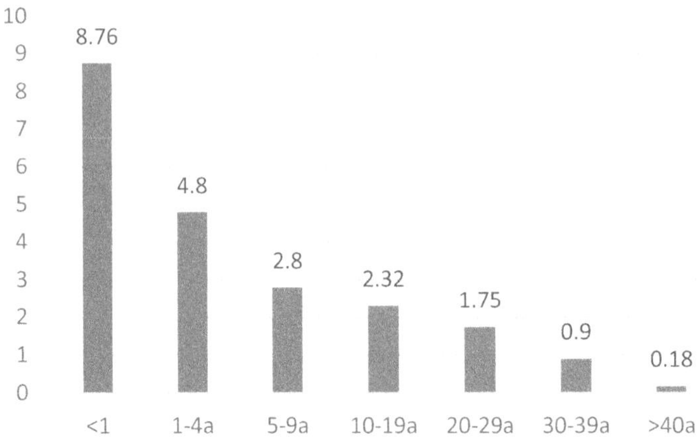

Fuente: OPS. (3 de febrero del 2026). Alerta Epidemiológica Sarampión en la Región de las Américas.

Figura 6

Porcentaje de casos por estado de vacunación

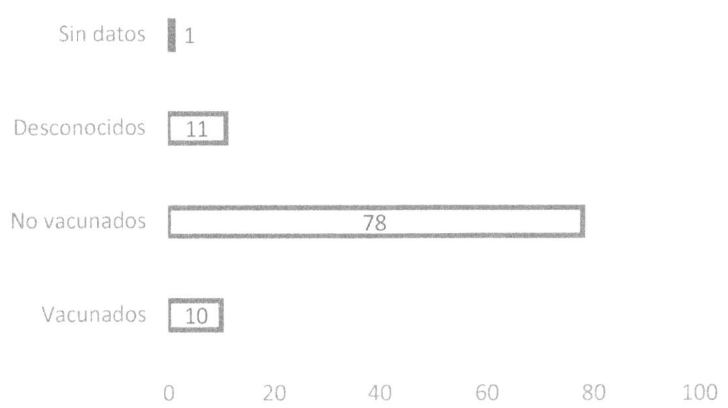

Fuente: OPS. (3 de febrero del 2026). Alerta Epidemiológica Sarampión en la Región de las Américas.

"Lo que se entiende socialmente por «vida» y «muerte» se convierte en algo contingente en y por el trabajo de los médicos", señala Beck (2019, p. 265), por lo que, dados "los avances en cirugía cardíaca y cerebral, habrá que decidir y establecer de nuevo si una persona está «muerta» precisamente cuando deja

de funcionar el cerebro, aunque el corazón continúe funcionando, debido a

aparatos complicados que le permiten un funcionamiento artificial". No obstante, habrá que considerar los estilos de vida y de consumo[39], que tienen incidencia directa en la salud y por lo tanto en la calidad de vida y modalidad de las causas de muerte (véase Figura 7).

Figura 7

Principales causas de muerte en 2021 a nivel mundial

Causa se muerte	Número de Muertes*	%
Cardiopatía isquémica	9	13.2
COVID-19	8.7	12.8
Accidente cerebrovascular	7	10.2
Enfermedad pulmonar obstructiva crónica (EPOC)	3.5	5.2
Infecciones de las vías respiratorias inferiores	2.5	3.6
Cánceres de tráquea, bronquios y pulmón	1.9	2.7
Enfermedad de Alzheimer y otras demencias	1.8	2.7
Diabetes mellitus	1.6	2.4
Enfermedades renales	1.4	2.1
Tuberculosis	1.4	2
Total	38.8	56.9

[39] Al respecto, Bauman apunta: "El 'consumismo' llega cuando el consumo desplaza al trabajo de ese rol axial que cumplía en la sociedad de productores." (2007, p. 47).

Fuente: OMS. (7 de agosto de 2024). Las 10 principales causas de muerte. Chisom Michael. (6 de noviembre de 2024). Las 20 principales causas de muerte en el mundo — OMS.
*Millones.

En México, reporta el Instituto de Nacional de Estadística y Geografía: “Las enfermedades del corazón, la diabetes mellitus, los tumores malignos, la influenza en conjunción con la neumonía y las enfermedades del hígado, fueron las primeras cinco causas de defunción a nivel nacional.” (INEGI, 10 de noviembre de 2025). Una de las características a destacar es que trata generalmente de enfermedades prevenibles y que en ese sentido demandan garantizar una vida sana y promover el bienestar de todos (ODS 3). Como indica Fuentes: “Cada uno de los decesos por IRC [insuficiencia renal crónica] es un recordatorio de que la enfermedad y la muerte no se distribuyen al azar, sino que siguen las líneas de la desigualdad social. (*Excelsior*, 27 de octubre de 2025).

Como se observa en la Tabla 1, las 10 principales causas de muertes en la población mexicana son primordialmente prevenibles, algunas de ellas relacionadas con la condición de género, como los accidentes y los homicidios. Con relación a este tipo de datos, señala Fuentes:

> El análisis de las más de 211 mil defunciones registradas en México durante el primer trimestre de 2025 permite subrayar que las causas de muerte son

también causas sociales; es decir, expresiones de la manera en que producimos, consumimos, nos relacionamos y hasta de la forma en que el Estado regula o deja de regular los entornos de vida. (*Excelsior*, 13 de marzo de 2026).

Tabla 1

10 principales causas de muertes, según sexo[1]
enero a marzo de 2025[2]

Rango	Total	Mujer	Hombre
1	Enfermedades del corazón	Enfermedades del corazón	Enfermedades del corazón
	51 382	23 903	27 475
2	Diabetes mellitus	Diabetes mellitus	Diabetes mellitus
	30 578	15 218	15 360
3	Tumores malignos	Tumores malignos	Tumores malignos
	23 678	12 461	11 217
4	Influenza y neumonía	Influenza y neumonía	Accidentes
	11 703	5 428	7 335
5	Enfermedades del hígado	Enfermedades cerebrovasculares	Enfermedades del hígado
	10 097	4 243	7 239
6	Accidentes	Enfermedades del hígado	Agresiones (homicidios)
	9 480	2 858	6 317
7	Enfermedades cerebrovasculares	Enfermedades pulmonares obstructivas crónicas	Influenza y neumonía
	9 040	2 789	6 274
8	Agresiones (homicidios)	Insuficiencia renal	Enfermedades cerebrovasculares
	7 133	2 139	4 796
9	Enfermedades pulmonares obstructivas crónicas	Accidentes	Enfermedades pulmonares obstructivas crónicas
	5 678	2 136	2 889
10	Insuficiencia renal	Septicemia	Insuficiencia renal
	4 748	1 067	2 609

1/ Los criterios para la selección se basan en las agrupaciones de la Lista Mexicana que se describen en la sección «Criterios para la selección de las principales causas de muerte» del reporte de resultados. El total incluye 114 casos en los que no se

especificó el sexo de la persona.
2/ Información preliminar
Fuente: INEGI. Estadísticas de Defunciones Registradas (EDR), enero a marzo de 2025.

Ahora bien, el acceso a los servicios de salud, de primer, segundo y tercer nivel de atención, son fundamentales y no todas las personas cuenta con ello; es más, existen amplios grupos de población para los que el primer nivel de atención donde se realizan las "acciones de prevención y promoción a la salud, así como la detección temprana y seguimiento de enfermedades, [que son] son la vía de entrada al sistema de atención" (Secretaría de Salud, 2024, s.p.), no los acoge[40], lo que para el Banco Mundial representa un desafío, ya que: "La mitad de la población mundial —o 4500 millones de personas— no cuenta con servicios de salud esenciales, y 2000 millones de habitantes enfrentan graves dificultades financieras." (BM, 4 de abril de 2024).
Y con lo trágico que es esto, si tomamos en cuenta la perspectiva de Beck con respecto a la nueva modernidad o modernidad reflexiva, el peligro es aún mayor y no exenta a ningún sector o clase social: "la miseria es jerárquica, el smog es democrático. Con la extensión de los riesgos de la

[40] No olvidar que, usualmente, el acceso a servicios de salud y a vivienda, están vinculados a las políticas de protección social que, como en el Estado benefactor, aseguraban a quienes cuentan con un trabajo formal y un sistema de pensiones contributivas. En el caso de México, a través del Instituto Mexicano del Seguro Social (IMSS) y el Instituto del Fondo Nacional de la Vivienda para los Trabajadores (INFONAVIT).

modernización (con la puesta en peligro de la naturaleza, de la salud, de la alimentación, etc.) se relativizan las diferencias y los límites sociales." (Beck, 1998, p. 42). En este orden de ideas toma relevancia el ODS 13. Adoptar medidas urgentes para combatir el cambio climático y sus efectos.

Las industrias contaminantes, la generación de energía y la prevalencia del uso de vehículos de combustión interna que requieren del consumo de combustibles fósiles, son sólo algunos de los problemas. Los materiales empleados para la venta de comida rápida y servicios a domicilio, el consumo individualizado de bebidas que se ofrecen en botellas de plástico, así como la serie de utensilios desechables, tiene un impacto creciente, no obstante las medidas implementadas, como se muestra en el *Informe de los Objetivos de Desarrollo Sostenible 2023* (IODS).

> El plástico es el tipo de desecho marino más dañino y más de 17 millones de toneladas métricas contaminaban el océano en 2021, una cifra que se duplicará o triplicará para el año 2040. La producción de plástico se multiplicó por cuatro en los últimos 40 años, mientras que las tasas de reciclado continúan inferiores al 10 %. (IODS, 2023, p. 40)

Otro fenómeno relacionado con el cambio climático, además de su relación con diversas razones económicas, de integración familiar, estudios u oportunidades de desarrollo y seguridad, es la movilidad humana. Con relación a América Latina y el Caribe, Organización Internacional para las Migraciones (OIM) destaca que: "La reducción de la disponibilidad de agua afecta los medios de vida, la degradación de la tierra y los riesgos climáticos repentinos o graduales, entre otros, interactúan con otros factores (económicos, políticos y sociales), influenciando los patrones de movilidad humana." (OIM, Migración y cambio climático, párr. 2). La vulnerabilidad de grupos de población se ve incrementada por fenómenos climáticos y atmosféricos (sequías, tormentas tropicales, huracanes y fuertes lluvias), que están relacionados en las Américas, con 2.1 millones de nuevos desplazamientos internos por desastres en 2022[41], con picos superiores en 2016 (3.2), 2017 (4.3) y 2020 (4.7), superando ampliamente los motivados por violencia y conflictos armados, como registra el Centro de Monitoreo del Desplazamiento Interno (IDMC, por sus siglas en inglés) y se muestra en la Figura 8.

[41] 8.7 millones de desplazados internos por desastres en 88 países y territorios a 31 de diciembre de 2022, con 45% de incremento desde 2021. (IDMC, 2023).

Figura 8

Desplazamientos internos por conflicto, violencia y desastres en las Américas (2013-2022)*

*Desplazamientos internos en millones

Cerraremos esta aproximación a la comprensión de la metamorfosis social en marcha, con una mirada al ODS 5. Lograr la igualdad de género y empoderar a todas las mujeres y las niñas. Al respecto el IODS 2023 presenta una evaluación que no es positiva:

> Con solo siete años restantes, apenas el 15,4 % de los indicadores del
> Objetivo 5 sobre los que se dispone de datos están bien encaminados, el
> 61,5 % están moderadamente encauzados y el 23,1 % están lejos o muy
> lejos de las metas para el 2030. (IODS, 2023, p. 22).

Datos que dan cuenta de ese lento avance son, por

ejemplo, que de mantenerse la dinámica

> … se necesitarían 300 años para acabar con el matrimonio infantil, 286 años para llenar los vacíos en la protección jurídica y eliminar las leyes discriminatorias, 140 años para que las mujeres estén representadas de manera igualitaria en cargos de poder y liderazgo en los lugares de trabajo, y 47 años para lograr la igualdad de representación en los parlamentos nacionales. (IODS, 2023, p. 22)

No se puede obviar la prevalencia del ejercicio de violencias de todo tipo en contra de las mujeres. Estas se incrementan en la medida en que éstas van logrando avances importantes en el ámbito público y en el ejercicio de su libertad personal. Dos aspectos se consideran pertinente enfocar. El primero, la emergencia en esta nueva modernidad, de la violencia digital y el ciberacoso; el segundo, situado desde donde esto se escribe[42], en la Meta 5.5 Asegurar la participación plena y efectiva de las mujeres y la igualdad de oportunidades de liderazgo a todos los niveles decisorios en la vida política, económica y pública.

El uso extensivo e intensivo de las TIC (Tecnología de Información y Comunicación), la popularización de productos tecnológicos como los teléfonos inteligentes, tabletas, laptops, computadoras personales y consolas, así como la creciente oferta de proveedores de servicios de

---

[42] Ciudad Juárez, Chihuahua, México.

Internet, operadores de telecomunicaciones y de redes móviles, han facilitado actividades diversas en todos los ámbitos. De igual manera, se han flexibilizado las normas sociales permitiendo e incluso alentando el uso de algunos de estos recursos en niñas, niños y adolescentes, favoreciendo la posibilidad de que éstos se pongan en riesgo y se incremente el peligro de sufrir efectos adversos. Claro es que no son en sí las TIC o los dispositivos informáticos el problema, sino su uso[43]. En la Unión Europea, por ejemplo, se han establecido medidas que enfrentan el ciberacoso, como el Plan de acción contra el ciberacoso: protección de los niños en línea, pues: "El ciberacoso puede tener lugar en redes sociales, aplicaciones de mensajería, plataformas de juegos y otros entornos en línea. Se ha convertido en una de las preocupaciones más acuciantes en materia de seguridad en línea para menores y jóvenes en Europa." (Comisión Europea, 12 de marzo de 2026). Una nota de la OMS cuenta con este revelador encabezado: Uno de cada seis niños en edad escolar sufre ciberacoso, según un nuevo estudio de la OMS/Europa:

> El ciberacoso. El 15 % de los adolescentes (aproximadamente 1 de cada 6) ha sufrido ciberacoso, con tasas muy similares entre chicos (15

[43] "Las pantallas han cobrado más relevancia si cabe en el proceso comunicativo que ha perdido uno de sus pilares, el compartir en vivo y en directo." (Chaves, 2021, p. 1).

> %) y chicas (16 %). Esto representa un aumento con respecto a 2018, pasando del 12 % al 15 % para los chicos y del 13 % al 16 % para las chicas. (OMS Europa, 27 de marzo de 2024)

De acuerdo con una nota del periódico digital *BBC News Mundo*: "Las mujeres, las niñas y las personas no conformes con su género tienen más probabilidades de ser víctimas de violencia y sufrir consecuencias más graves y duraderas debido a su género, según la ONU" (11 diciembre 2025). El artículo da cuenta de las cinco formas de violencia digital más comunes: *troleo*, *doxing*, *deepfakes*, *grooming* y ciberacoso. Estas formas de violencia van desde el acto de hacer uso de las redes para molestar a alguien, divulgar información privada, difundir, imágenes, audios, videos producidos con inteligencia artificial que pueden suplantar identidades o generar material con contenido sexual o pornográfico, el engaño a niñas, niños y adolescentes por parte de una persona adulta con fines diversos; sufrir intimidación, amenazas o humillación.

Frente a estas prácticas de ciberacoso, en particular con menores de edad, es necesario prevenir el acceso de estos a sitios que representen riesgo, dotarlos de herramientas para ello y para detectar comunicaciones peligrosas; establecer criterios claros de qué tipo de información debe evitarse compartir, cerciorarse de la configuración de privacidad y de geolocalización, establecer acuerdos con amistades y familiares sobre el uso de su información y denunciar actividades sospechosas.

Con respecto a algunas medidas establecidas para sancionar la violencia digital y el ciberacoso, tomaos como ejemplo la llamada Ley Olimpia. Para ello, tomamos de la Secretaría de Gobernación del gobierno de México, a través de la Unidad General de Asuntos Jurídicos, mantiene actualizado el sitio Orden Jurídico Nacional (OJN), donde se compilan y sistematizan las normativas vigentes del país la Ficha Técnica Ley Olimpia[44], en ella se aclara su propósito y contenido.

> La "Ley Olimpia" no se refiere a una ley como tal, sino a un conjunto de reformas legislativas encaminadas a reconocer la violencia digital y sancionar los delitos que violen la intimidad sexual de las personas a través de medios digitales, también conocida como *ciberviolencia*.
>
> Por su parte, se entiende como violencia digital aquellas acciones en las que se expongan, difundan o reproduzcan imágenes, audios o videos de contenido sexual íntimo de una persona sin su consentimiento, a través de medios tecnológicos y

[44] Puede consultarse en https://ordenjuridico.gob.mx/violenciagenero/LEY%20OLIMPIA.pdf

> que por su naturaleza atentan contra la integridad, la dignidad y la vida privada de las mujeres causando daño psicológico, económico o sexual tanto en el ámbito privado como en el público, además de daño moral, tanto a ellas como a sus familias.

Las conductas que atentan en contra de la intimidad sexual son:

> Video grabar, audio grabar, fotografiar o elaborar videos reales o simulados de contenido sexual íntimo, de una persona sin su consentimiento o mediante engaño.
>
> Exponer, distribuir, difundir, exhibir, reproducir, transmitir, comercializar, ofertar, intercambiar y compartir imágenes, audios o videos de contenido sexual íntimo de una persona, a sabiendas de que no existe consentimiento, mediante materiales impresos, correo electrónico, mensajes telefónicos, redes sociales o cualquier medio tecnológico. (OJN, s.f.)

Obviamente, la puesta en vigor o la tipificación de este tipo de conductas en las leyes, no las elimina, ni mucho menos las erradica. No obstante, posibilita que, con la responsabilidad compartida con la ciudadanía, se desarrollen relaciones respetuosas, igualitarias y equitativas. A favor de este objetivo abona el establecimiento de la paridad de género en los cargos de representación popular, así como en la administración federal en México. Esto es así, no sólo por que al ocupar cargos de toma de decisiones, tienen además un impacto simbólico innegable y no se habla solamente de que pro primera vez se tenga una mujer a cargo del Ejecutivo Federal, los cambios se producen en otros niveles de gobierno y se espera, en mayor profundidad.

Por ejemplo, durante el año 2026 se cuenta con 13 gobernadoras, el mayor número jamás visto en el país. Si bien, seis de ellas concluirán su mandato en 2027, los cambios en la legislación electoral aseguran que otras más llegarán a ocupar este cargo en sus entidades o en otras. Otros casos y periodos se muestran en la Tabla 2.

Tabla 2

Gobernadoras en México por entidad

Número	Periodo	Nombre	Entidad
1	2021 - 2027	Marina del Pilar Ávila Olmeda	Baja California
2	2021 - 2027	Layda Elena Sansores San Román	Campeche
3	2021 - 2027	María Eugenia Campos Galván	Chihuahua
4	2021 - 2027	Indira Vizcaino Silva	Colima
5	2021 - 2027	Evelyn Cecia Salgado Pineda	Guerrero
6	2021 - 2027	Lorena Cuéllar Cisneros	Tlaxcala
7	2022 - 2027	María Teresa Jiménez Esquivel	Aguascalientes
8	2022 - 2028	María Elena Hermelinda Lezama Espinosa	Quintana Roo
9	2023 - 2029	Delfina Gómez Álvarez	Estado de México
10	2024 - 2030	Clara Marina Brugada Molina*	Ciudad de México
11	2024 - 2030	Libia Dennise García Muñoz Ledo	Guanajuato
12	2024 - 2030	Margarita González Saravia Calderón	Morelos
13	2024 - 2030	Norma Rocío Nahle García	Veracruz

* Su cargo de acuerdo con lo que marco la Constitución es Jefa de Gobierno de la Ciudad de México, bajo un régimen

jurídico especial.[45]

En la composición del Senado, es más que evidente el efecto de la reforma de 2014, como se pude observar en la Figura 9, las mujeres triplicaron su presencia como representantes populares, de las entidades y de la nación.

Figura 9

Integración de la cámara de senadoras y senadores 2000 - 2030

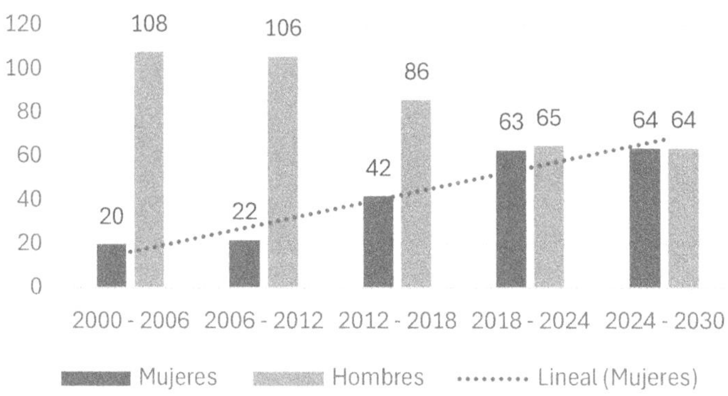

Lo mismo sucede en el caso de la Cámara de Diputados, donde la tendencia fue consistente desde el 2000, hasta lograr la paridad no sólo en la letra, sino en el número de escaños, como se observa en la Figura 10.

[45] "Que de conformidad con lo previsto en el artículo 44 de la Constitución Política de los Estados Unidos Mexicanos, la Ciudad de México es la Entidad Federativa sede de los Poderes de la Unión y Capital de los Estados Unidos Mexicanos; se compondrá del territorio que actualmente tiene y, en caso de que los poderes federales se trasladen a otro lugar, se erigirá en un Estado de la Unión con la denominación de Ciudad de México." (Constitución Política de la Ciudad de México, 24 de marzo de 2023).

Figura 10

Integración de la cámara de diputadas y diputados 2000 – 2027

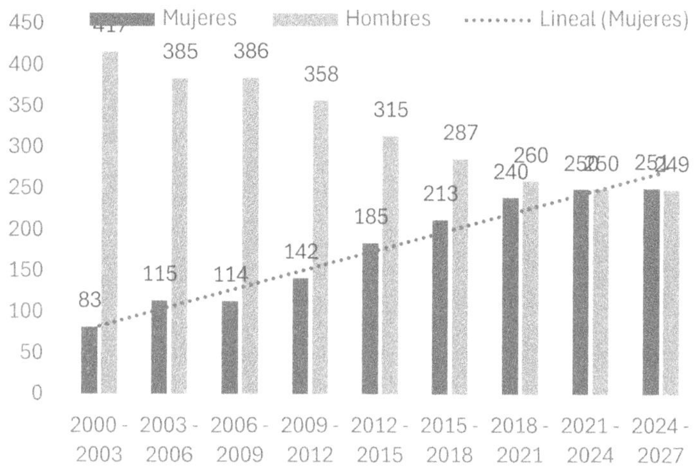

No sucede igual en el ámbito subnacional, si bien existen avances. En Chihuahua, por ejemplo, en los municipios sigue prevaleciendo una mayor representación masculina, lo mismo sucede en las sindicaturas. Por el contrario, en el congreso local la representación es paritaria, siendo mayoría en el periodo 2016 - 2018 (Figura 10), como resultado de las luchas impulsadas particularmente por las mujeres, tanto de organizaciones sociales como de los diversos partidos políticos en el estado. Como se muestra en la Tabla 2, es hasta 2021 cuando una mujer es electa como titular del Ejecutivo Estatal.

Figura 11

Diputada y diputados por sexo en Chihuahua 2000 – 2027

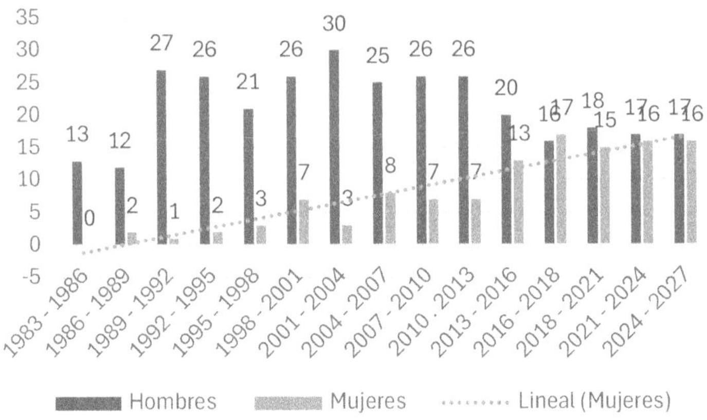

Como señala Castel: "

> "Metamorfosis", dialéctica de lo igual y lo diferente: identificar las transformaciones históricas de este modelo, subrayar lo que sus principales cristalizaciones traen a la vez de nuevo y de permanente, así sea bajo formas que no permiten reconocerlas de inmediato. Pues, desde luego, los contenidos concretos que recubren nociones como las de estabilidad, precariedad o expulsión del empleo, inserción racional, fragilidad de los soportes protectores o aislamiento social, son ahora muy diferentes de lo que fueron en las sociedades preindustriales o en el siglo XIX. Incluso son muy diferentes hoy en día de lo que eran hace solamente veinte años. (Castel, 1997, pp. 17 - 18).

Cuando se hace referencia a la nueva cuestión social (Castel, 1997; Rosanvallon, 2011), se trata de precariedad, aislamiento, de supernumerarios, desafiliación; se vive, para la mayoría, con diversos grados de incertidumbre e inseguridad, para las elites, con relación a aquello que no pueden controlar.

> Destacar la distinción entre quienes adoptan las decisiones sobre los riesgos y quienes tienen que afrontar las consecuencias de las decisiones de otros (el peligro) se convierte en parte medular del análisis. La decisión sobre el riesgo reactiva a la esfera política, se busca el nuevo espacio de lo político. El Estado-nación deja de ser el actor universal, y las decisiones de diversos actores, la conformación de valores diferenciados y la multiplicidad de agencias se convierten en pivotes de esta nueva realidad. (Cohen, 2017, p. 189)

Se trata, en este sentido, también de riesgos y peligros (Beck, 1998). Como reflexionan Pardo-Buendía y López: "Mientras que un cambio significa la evolución continuada de la sociedad, una metamorfosis es lo opuesto: una transformación radical que desestabiliza los conceptos al uso para entender el mundo, corroe las viejas certezas y desdibuja las tradicionales demarcaciones conceptuales." (2019, p. 3) En el mismo sentido, apunta Pillacela-Chin:

> Beck nos habla sobre un concepto aún novedoso

> dentro de los estudios de teoría social: la metamorfosis. Este se diferencia netamente de otros términos como "transformación" o "cambio social", de uso común en el área de la sociología, en tanto implica una reconfiguración radical e inesperada de las estructuras políticas y socioeconómicas a nivel global. (2025, párr. 6)

De esta manera, nos mantendríamos dentro de los márgenes de la modernidad, ahora reconfigurada. Más, como se ha indicado, una metamorfosis implica cambio, transformación y sí, reconfiguración de las formas de organización de las actividades productivas, sociales, jurídicas, que reclama, como indicó Castel, en la dialéctica de lo igual y lo diferente, identificar lo nuevo y lo permanente. Así las relaciones amorosas:

> Después de todo, la definición romántica del amor – "hasta que la muerte nos separe"- está decididamente pasada de moda, ya que ha trascendido su fecha de vencimiento debido a la reestructuración radical de las estructuras de parentesco de las que dependía y de las cuales extraía su vigor e importancia. (Bauman, 2006b, p. 19)

Y como en este ámbito, existen otros más que requieren análisis: familia, Estado nación, formas de gobierno, entre otras, como las propias ciencias sociales.

Pues bien, la metamorfosis no se produce al interior

> de una sola, cualquiera, de las ciencias sociales y humanas. Tampoco se trata de un cambio en algunas de ellas. Más radicalmente, se trata de una transformación genética, por así decirlo, que modifica a todos los integrantes de las ciencias humanas y sociales. … Se trata de las ciencias sociales complejas (complejidad de las ciencias sociales), las ciencias sociales cuánticas, las neurociencias sociales, las ciencias sociales interdisciplinarias, las ciencias sociales computacionales, las ciencias sociales del no-equilibrio, en fin, la ciencia social generativa. (Maldonado, 2019, p. 120)

Pero estos temas exceden con mucho, esta aproximación a la metamorfosis social.

REFERENCIAS

Buber, M. (2003) El Eclipse de Dios. Sígueme, Salamanca.

Baudrillard, J. (1994) Simulacra and Simulation. The University of Michigan Press, Michigan.

Bauman, Z. (2015) Vidas desperdiciadas. La modernidad y sus parias. Paidós, Buenos Aires.

Girard, R. (1987) Things hidden since the foundation of the world. Stanford University Press, California.

________, (2012) Veo a Satán caer como el relámpago. Anagrama, Barcelona.

Han, B. (2020) The disappearance of rituals. Polity Press, Cambridge.

______. (2021) The palliative Society. Polity Press, Cambridge.

______. (2018) Topology of Violence. MIT Press, Massachusetts.

Lipovetsky, G. (2009) La era del vacío. Anagrama, Barcelona.

Marx, K. (1976) The Capital. Vol. I. Penguin Books, New York.

Marx, K. & Engels, F. (1974) La ideología alemana. Grijalbo, Barcelona.

Sartre, J-P. (1984) Being and nothingness. Washington Square Press, New York.

BBC News Mundo. (2017). Obtenido de https://www.bbc.com/mundo/noticias-40681655

C5N. (2025). Obtenido de https://www.youtube.com/watch?v=z8f241Wpz0I

Comisión Nacional de Derechos Humanos México. (2023). Obtenido de CNDH México: https://www.cndh.org.mx/noticia/reconocimiento-del-derecho-al-voto-de-las-mujeres-mexicanas

Conceptos de la Historia. (2023). Obtenido de Conceptos de la Historia: https://conceptosdelahistoria.com/movimientos-sociales/feminismo/movimiento-sufragista/

CONCRETA. (2025). Obtenido de https://concretalegal.com/blog/leyes-que-regulan-redes-sociales-mexico/

Eco, U. (1968). *Aocalípticos e Integrados.* México: Fabula de Tusquets.

Freire, G. (22 de Febrero de 2019). *Grupo Banco Mundial para America Latina y el Caribe*. Obtenido de Banco Mundial: https://www.bancomundial.org/es/news/infographic/2019/02/22/lenguas-indigenas-legado-en-extincion

González, J. D. (25 de Enero de 2024). *Incibe-cert_*. Obtenido de Instituto Nacional de Ciberseguridad: https://www.incibe.es/incibe-cert/blog/ciberseguridad-en-el-sector-salud-caracteristicas-amenazas-y-recomendaciones

Islas, O. (junio de 2004). Marshal Mc. Luhan, 40 años despúes. *Revista Latinamericana de Comunicación Chasqui*, 086.

Laje, A. (2022). *La Batalla Cultural.* México: Harper Collins México.

Martell, F. (2011). *Cultura Mainstream como nacen los fenómenos de Masas.* México: Taurus.

National Geographic. (6 de marzo de 2025). *National Geographic.* Obtenido de https://www.nationalgeographicla.com/historia/2023/03/por-que-se-conmemora-el-8-de-marzo-el-dia-de-la-mujer

OBSEVACOM. (2025). Recuperado el 2025, de Observatorio Latinoamericano de Regulación, Medios y Convergencia: https://www.observacom.org/sobre-el-marco-legal-mexicano/#_ftnref8

ondacero.es. (17 de octubre de 2025). Obtenido de ondacero.es: https://www.ondacero.es/noticias/salud/equipo-medico-realiza-primera-prostatectomia-radical-europa-espana-telecirugia-robotico_2025101768f2134dde40d8089e13a9f3.html

ONU Agenda 2030 para el Desarrollo Sostenible. (Mayo de 2016). Obtenido de https://www.gob.mx/cms/uploads/attachment/file/311197/agenda-2030-y-los-objetivos-de-desarrollo-sostenible.pdf

Rodríguez, E. M. (6 de marzo de 2025). *El Economista*. Obtenido de El Economista: https://www.eleconomista.com.mx/el-empresario/4-10-mujeres-ocupan-puestos-alta-direccion-mexico-20250305-748988.html

Sagal, A. R. (27 de Mayo de 2023). *Historia del Arte*. Obtenido de Esculturas mas famosas e imponentes: https://www.facebook.com/groups/HistoriadelArte.Oficial/posts/6749369905087908/

Sartori, G. (1998). *Homo Videns La Sociedad Teledirigida.* España: Taurus.

Small, Z. (21 de Noviembre de 2024). ¿Quien ríe al púltimo? Un plátano se vende como obra de arte por 6,2 millones de dólares en Sotheby´s. *The New York Times*.

Armendáriz, S., *comunicación personal*, noviembre de 2023.

Creswell, J. W., & Poth, C. N. (2018). *Qualitative inquiry and research design: Choosing among five approaches* (4th ed.). SAGE.

Esparza, O., *comunicación personal*, diciembre de 2023

Flick, U. (2015). *Introducción a la investigación cualitativa* (5.ª ed.). Morata.

Hayen, E., *comunicación personal*, noviembre de 2023.

Kvale, S., & Brinkmann, S. (2009). *InterViews: Learning the craft of qualitative research interviewing* (2nd ed.). SAGE.

Peña, B., *comunicación personal*, diciembre de 2023.

Yañez, R., *comunicación personal*, diciembre de 2023.

Referencias Capítulo 4.

Ávila Díaz, William Darío. (enero-junio, 2013). Hacia una reflexión histórica de las TIC. *Revista Hallazgos*, 10(19), 213-233.

Banco Mundial. (4 de abril de 2024). Cobertura sanitaria universal. Banco Mundial. https://www.bancomundial.org/es/topic/universalhealthcoverage

Bauman, Zygmunt. (2007). *Vida de consumo*. México: Fondo de Cultura Económica.

Bauman, Zygmunt. (2006a). *Modernidad líquida*. Buenos Aires: Fondo de Cultura Económica.

Bauman, Zygmunt. (2006b). *Amor líquido. Acerca de la fragilidad de los vínculos humanos*. Buenos Aires: Fondo de Cultura Económica.

Beck, Ulrich. (1998). *La sociedad del riesgo. Hacia una nueva modernidad*. España: Paidós.

BBC News Mundo. (11 diciembre 2025). Cuáles son las 5 formas de violencia digital más comunes (y cómo protegerse). https://www.bbc.com/mundo/articles/cwypx0xqlevo

Castel, Robert. (1997). *Las metamorfosis de la cuestión social: Una crónica del salariado*. Buenos Aires: Paidós Ibérica.

Sousa Santos, Boaventura de. (septiembre 2001). Los nuevos movimientos

Sociales. *Observatorio Social de América Latina*, (5), 177-184. https://bibliotecavirtual.clacso.org.ar/ar/libros/osal/osal5/debates.pdf

Centro de Monitoreo del Desplazamiento Interno. (2023). *Informe Global sobre Desplazamiento Interno 2023.* Ginebra: Observatorio de Desplazamiento Interno.

Chaves Gil, J. Ignacio. (2021). La comunicación y su relación con las metamorfosis sociales. *Análisis*, 53(98). https://doi.org/10.15332/21459169.6459

Cohen, Miriam Alfie. (mayo-agosto, 2017) *Revista Acta Sociológica*, (73), 171-194.

Comisión Europea. (12 de marzo de 2026). Plan de acción contra el ciberacoso: protección de los niños en línea. https://digital-strategy.ec.europa.eu/en/policies/cyberbullying

Congreso de la Ciudad de México. (24 de marzo de 2023). Constitución Política de la Ciudad de México. https://www.congresocdmx.gob.mx/media/documentos/2a45c9c3b67fb16d7046d3ec32fe1f1418026a44.pdf

Demarchi, Franco y Ellena, Aldo. (1986). *Diccionario de Sociología.* España: Ediciones Paulinas.

Diccionario de la Lengua Española. (s.f.) *Metamorfosis.* https://dle.rae.es/metamorfosis?m=form

Diccionario Etimológico Castellano en Línea. (s.f.) *Metamorfosis.* https://etimologias.dechile.net/?metamorfosis

Donati, Pierpaolo. (2024). Pensamiento sociológico y cambio social: hacia una teoría relacional. *Revista Española de Investigaciones Sociológicas*, (63), 29–51. https://doi.org/10.5477/cis/reis.63.29

El Diario Internacional. (2 de marzo de 2026). Mapas: dónde han atacado Israel y EEUU, dónde ha respondido Irán y dónde están las bases en la región. *elDiario.es*. https://www.eldiario.es/internacional/mapas-han-atacado-israel-eeuu-respondido-iran-bases-region_1_13032307.html

Fuentes, Mario Luis. (27 de octubre de 2025). Mortalidad evitable y determinantes sociales. *Excélsior*. https://www.excelsior.com.mx/opinion/mario-luis-fuentes/mortalidad-evitable-y-determinantes-sociales/1747983

Fuentes, Mario Luis. (08 de septiembre de 2025). Mortalidad en México: el espejo de las desigualdades sociales. *Excelsior*. https://www.excelsior.com.mx/opinion/mario-luis-fuentes/mortalidad-en-mexico-el-espejo-de-las-desigualdades-sociales/1738070

Gorz, André. (1995). *La metamorfosis del trabajo: búsqueda de sentido*. Madrid: Editorial Sistema.

Greco, Orlando. (2008). *Diccionario de Sociología*. https://archive.org/details/1.2-diccionario-de-sociologi-a-greco-orlando-diccionario-de-sociologia-2a.-ed./page/66/mode/2up

Kafka, Franz. (1916). *La metamorfosis*. https://www.ucm.es/data/cont/docs/119-2014-02-11-Kafka.La%20metamorfosis.pdf

Maldonado, Carlos Eduardo. (2019). Tres razones de la metamorfosis de las ciencias sociales en el siglo XXI. *Cinta de Moebio*, (64), 114-122. https://dx.doi.org/10.4067/s0717-554x2019000100114

Chisom Michael. (6 de noviembre de 2024). Las 20 principales causas de muerte en el mundo — OMS. *Business Day*. https://businessday.ng/news/article/top-20-leading-causes-of-death-in-the-world-who/

Naciones Unidas. (2023). *Informe de los Objetivos de Desarrollo Sostenible. Edición especial.* https://unstats.un.org/sdgs/report/2023/The-Sustainable-Development-Goals-Report-2023_Spanish.pdf?_gl

Naciones Unidas (s.f.) *La organización*. https://www.un.org/es/about-us

Naciones Unidas (21 de octubre de 2015) *Resolución aprobada por la Asamblea General el 25 de septiembre de 2015.* https://unctad.org/system/files/official-document/ares70d1_es.pdf

Organización Internacional para las Migraciones. (s.f.) *Migración y cambio climático.* https://lac.iom.int/es/migracion-y-cambio-climatico

Organización Mundial de la Salud. (13 de noviembre de 2025). *Tuberculosis.* https://www.who.int/es/news-room/fact-sheets/detail/tuberculosis#:~:text=Sintomatolog%C3%ADa,sudores%20nocturnos

OMS Europa. (27 de marzo de 2024). Uno de cada seis niños en edad escolar sufre ciberacoso, según un nuevo estudio de la OMS/Europa. https://www.who.int/europe/news/item/27-03-2024-one-in-six-school-aged-children-experiences-cyberbullying--finds-new-who-europe-study

Organización Panamericana de la Salud. (3 de febrero del 2026). Alerta Epidemiológica Sarampión en la Región de las Américas. https://www.paho.org/es/documentos/alerta-epidemiologica-sarampion-region-americas-3-febrero-2026

Organización Panamericana de la Salud. (15 de agosto de 2025). Diez países de las Américas reportan brotes de sarampión en 2025. OPS. https://www.paho.org/es/noticias/15-8-2025-diez-paises-americas-reportan-brotes-sarampion-2025#:~:text=*%20English,%20*%20Portugu%C3%AAs.

Oxxo. (s.f.) *Quiénes somos.* https://www.oxxo.com/quienes-somos

Pacto Mundial (s.f.) *Agenda 2030 de la ONU: ¿hacia dónde vamos?* https://www.pactomundial.org/noticia/agenda-2030-de-la-onu-hacia-donde-vamos/

Pardo-Buendía, Mercedes y López Ortega, Jordi. (12-12-2019). Cambio climático: entre el colapso y la metamorfosis social. *RETEMA. Revista Técnica de Medio Ambiente.*

https://www.retema.es/actualidad/cambio-climatico-entre-colapso-metamorfosis-social

Pillacela-Chin, L. A. (2025). Una nota sobre La metamorfosis del mundo, de Ulrich Beck. *Pucara Revista de Humanidades y Educación*, 1(36). https://doi.org/10.18537/puc.36.01.07

Pratt Fairchild, Henry. (1984). *Diccionario de Sociología*. México: Fondo de Cultura Económica.

Rosanvallon, Pierre. (2011). *La nueva cuestión social: repensar el Estado providencia*. Buenos Aires: Manantiales.

Secretaría de Gobernación. (). Ficha Técnica Ley Olimpia. Orden Jurídico Nacional. https://ordenjuridico.gob.mx/violenciagenero/LEY%20OLIMPIA.pdf

UBER. (s.f.) Governance. https://investor.uber.com/governance/default.aspx

UNESCO. (s.f.). *Social transformation*. https://www.unesco.org/en/query-list/s/social-transformation#

LOS AUTORES

Semblanza

Verónica O. Lozano

Verónica Ofelia Lozano Sandoval. Licenciada en Ciencias de la Comunicación por la Universidad de Texas, USA. Acredita una Maestría en Administración por la Universidad Autónoma de Chihuahua y es maestrante de Periodismo Político por la Escuela de Periodismo Carlos Septién García.

Actualmente: catedrática en la Facultad de Ciencias Políticas y Sociales de la UACH.

Destaca su experiencia laboral en medios de comunicación electrónica -radio y televisión- tanto en México como en Estados Unidos, sobre todo en el área de noticiarios. Trabajó en XHIJ TV Canal 44 en Ciudad Juárez, experiencia que marcó su vida profesional por los momentos políticos que se vivieron en ese entonces en el país, la alternancia en el poder.

En sus inicios la radio enriqueció su experiencia con la corresponsalía de NPR (National Public Radio en los Estados Unidos) cubriendo temas de México y América Latina, así mismo, trabajó en KXCR, KTEP (UTEP), Noticiario Latino (Fresno, California), Radio Net (CDJZ) y Telemundo (CDJZ). Productora del programa "Nuestra Imagen", periodismo analítico e investigación y del programa radiofónico "Sin Maquillaje, un coloquio entre mujeres".

Es autora del libro "Sororidad, periodismo con ojos de mujer" y coautora de "La política es asunto de mujeres", y el libro "De la Idea al éxito" Ha publicado en revistas internacionales artículos científicos con los temas de mujer y participación política.

Semblanza

José Eduardo Rincón

José E. Rincón es un profesional cuya labor se ha concentrado principalmente al desarrollo humano. Su trabajo se ha enfocado en el estudio de las dinámicas que configuran al sujeto dentro de los contextos sociales, políticos e institucionales de la postmodernidad. Tiene un especial interés en la fenomenología, el psicoanálisis y el post-estructuralismo. Se ha desempeñado como Profesor de Educación Media y Superior en México, y como Especialista en Educación y Mentor de Programas Migratorios a nivel federal en los Estados Unidos, garantizando el cumplimiento de estándares y regulaciones migratorios y educativos.

Ha apoyado iniciativas y dirigido capacitaciones educativas en diversas ciudades de California, Arizona, Nuevo México y Texas. También ha colaborado en sesiones responsabilidad social a lo largo de la frontera con representantes gubernamentales y organizaciones sin fines de lucro para mejorar las condiciones de los jóvenes indocumentados.

Semblanza
Jorge Iturriaga

Jorge Iturriaga es un profesional de la comunicación con una sólida trayectoria en el ámbito académico, empresarial y editorial. Realizó sus estudios de **Licenciatura en Comunicación** en la *Universidad Autónoma de Chihuahua*, donde también cursó la **Maestría en Comunicación**. Complementó su formación con estudios de **Maestría en Educación** en el *Instituto Tecnológico y de Estudios Superiores de Monterrey*, así como con un diplomado en **Análisis Político** por la *Universidad Iberoamericana*.

En el ámbito profesional, en 1999 fundó **ÁUREA**, su **agencia de publicidad y mercadotecnia**, consolidándola como un referente regional y logrando posicionarla dentro del ranking de agencias publicado por la *revista Merca 2.0*. Su experiencia se ha caracterizado por una visión estratégica de la comunicación, integrando creatividad, análisis y desarrollo de marca. Asimismo, se desempeñó como **Presidente** de la *Asociación Nacional de la Publicidad, Sección Chihuahua*, en dos ocasiones, fortaleciendo el desarrollo del gremio en la región.

En el sector académico, ha sido docente en diversas instituciones de prestigio, entre ellas la *Universidad Autónoma de Chihuahua*, donde fue padrino de once generaciones; el *Instituto Tecnológico y de Estudios Superiores de Monterrey*; *Tecmilenio*, donde además se desempeña como **Consejero Empresarial** desde hace más de una década; y la *Universidad Autónoma de Ciudad Juárez*, institución en la que ha ocupado los cargos de **Coordinador de la Multi-academia de Publicidad** y **Jefe de Política Institucional de Identidad e Imagen**.

Su labor editorial incluye la documentación de obras como **la historia de CANACINTRA en Ciudad Juárez** y la **historia de los agentes aduanales en la frontera**. Asimismo, ha participado como editor de la revista de los agentes aduanales y del boletín del Club Rotario de Ciudad Juárez durante diez años, consolidando una trayectoria que articula la comunicación con el desarrollo institucional y social.

Semblanza

Sergio Pacheco González

SERGIO PACHECO GONZÁLEZ es Sociólogo por la Universidad Nacional Autónoma de México, Maestro y Doctor en Ciencias Sociales por la Universidad Autónoma de Ciudad Juárez (UACJ). Profesor Investigador de la UACJ con Perfil PRODEP. Expresidente del Comité Institucional de Ética y Bioética de la UACJ (junio 2017 – julio 2020) y ex Secretario Técnico del Observatorio de Seguridad y Convivencia Ciudadanas del Municipio de Juárez (2010-2019). Coordinador del Programa de Licenciatura en Sociología de la UACJ (marzo 2022 – octubre 2024). Coordinador del Programa de Maestría en Ciencias Sociales para el Diseño de Políticas Públicas desde octubre de 2024. Coordinador del Cuerpo Académico Consolidado-56-UACJ Globalización, Ciudadanía y Democracia. Miembro de la Asociación

Mexicana de Ciencias Políticas (AMECIP) y de la Sociedad Mexicana de Estudios Electorales (SOMEE). Coordinador del libro *Acercamientos cualitativos a ciudadanías heterogéneas* (AMECIP – Tirant lo Blanch, 2023). Co-Coordinador del libro *Metodologías digitales en las ciencias sociales. Innovaciones prácticas* (UABC – Artificios Universidad, 2023). Autor del libro *Estrategias y reacomodos de las masculinidades en un entorno fronterizo* (CRV, 2019).

ISBN: 978-1-972189-02-3
9 781972 189023

www.ingramcontent.com/pod-product-compliance
Lightning Source LLC
LaVergne TN
LVHW010657110826
845149LV00014B/3133
9781972189023